Winkler

Schemata und Definitionen
Öffentliches Recht

W0046988

Schemata und Definitionen
Öffentliches Recht

von

Dr. Daniela Winkler

o. Professorin
an der Universität zu Köln

2016

C.H.BECK

www.beck.de

ISBN 978 3 406 62075 1

© 2016 Verlag C. H. Beck oHG
Wilhelmstraße 9, 80801 München
Druck: Druckhaus Nomos
In den Lissen 12, 76547 Sinzheim

Satz: DTP-Vorlagen der Autorin

Gedruckt auf säurefreiem, alterungsbeständigem Papier
(hergestellt aus chlorfrei gebleichtem Zellstoff)

Vorwort

Dieses kleine Kompendium bietet einen Überblick über die wesentlichen Prüfungsfragen des öffentlichen Rechts. Herausgegriffen werden die wichtigsten Gestaltungen des Staats- und Verwaltungsrechts, des europäischen sowie des internationalen Rechts.

Das Kompendium soll als Wegweiser durch das Dickicht der juristischen Falllösungen dienen und insbesondere in der Klausurvorbereitung sowie zum Einstieg in ein Rechtsgebiet helfen. Die angebotenen Schemata erheben nicht den Anspruch auf Verbindlichkeit – sie haben sich jedoch über lange Jahre in der juristischen Ausbildung bewährt.

Über konstruktive Kritik und Verbesserungs- oder auch Erweiterungsvorschläge freue ich mich unter jurakompakt@beck.de.

Ich wünsche allen Leserinnen und Lesern viel Glück und Erfolg in den Prüfungen!

Köln, im Januar 2016   *Daniela Winkler*

Inhaltsverzeichnis

Vorwort V

Abkürzungsverzeichnis XIII

Erster Abschnitt: Staatsrecht 1
  A. Rechtsquellen 1
    I. Formelles Gesetz (Parlamentsgesetz) 1
      1. Gesetzgebungskompetenzen 1
      2. Gesetzgebungsverfahren 3
      3. Verfassungsmäßigkeit des Gesetzes 5
    II. Rechtsverordnung 6
  B. Bundestag 7
    I. Bundestagsauflösung nach Art. 63 IV 3 GG 7
    II. Bundestagsauflösung nach Art. 68 I 1 GG 8
    III. Anberaumung von Neuwahlen 9
    IV. Ordnungsgemäße Einsetzung eines Untersuchungs-
       ausschusses 9
  C. Abgeordnete 10
    I. Immunität des Abgeordneten 10
    II. Indemnität des Abgeordneten 10
  D. Bundesregierung 11
    Wahl des Bundeskanzlers 11
  E. Parteien 12
    I. Parteiverbotsverfahren 12
    II. Gleichbehandlungsgebot (Art. 21 I GG iVm Art. 3 I GG) 13
    III. § 5 PartG 14
  F. Wahlrecht 14
    I. Wahlrechtsgrundsätze (Art. 38 I GG) 14
    II. Wahlprüfungsbeschwerde 15
    III. Volksbeteiligung 16
  G. Föderalismus 17
    Weisungsrecht nach Art. 85 III GG 17
  H. Europarechtliche Bezüge 18
  I. Völkerrechtliche Bezüge 18

Zweiter Abschnitt: Grundrechte 21

A. Freiheitsgrundrechte 21
  I. Universelles Falllösungsschema 21
  II. Menschenwürde (Art. 1 I GG) 22
  III. Allgemeine Handlungsfreiheit (Art. 2 I GG) 23
  IV. Recht auf Leben und körperliche Unversehrtheit
    (Art. 2 II 1 Alt. 1, Alt. 2 GG) 24
  V. Körperliche Bewegungsfreiheit (Art. 2 II 2, 104 GG) 24
  VI. Glaubens-, Gewissens- und Weltanschauungsfreiheit
    (Art. 4 I GG) 25
  VII. Meinungs- und Informationsfreiheit sowie Presse-,
    Rundfunk- und Filmfreiheit (Art. 5 I 1 GG) 26
  VIII. Kunst- und Wissenschaftsfreiheit 28
  IX. Schutz von Ehe und Familie (Art. 6 I GG) 30
  X. Elternrecht (Art. 6 I, III GG) 30
  XI. Versammlungsfreiheit (Art. 8 I GG) 31
  XII. Vereinigungsfreiheit (Art. 9 I, II GG) 33
  XIII. Koalitionsfreiheit (Art. 9 III GG) 34
  XIV. Brief-, Post- und Fernmeldegeheimnis 35
  XV. Freizügigkeitsrecht (Art. 11 GG) 36
  XVI. Berufsfreiheit (Art. 12 I GG) 38
  XVII. Wohnungsgrundrecht (Art. 13 GG) 40
  XVIII. Eigentum (Art. 14 I GG) 40
  XIX. Schutz vor Ausbürgerung (Art. 16 I GG) 41
  XX. Auslieferungsverbot (Art. 16 II GG) 42
  XXI. Asylrecht (Art. 16a GG) 43
  XXII. Petitionsrecht (Art. 17 GG) 44
B. Gleichheitsgrundrechte 44
  I. Allgemeiner Gleichheitsgrundsatz (Art. 3 I GG) 44
  II. Art. 3 II GG 45
  III. Art. 33 II GG 45
C. Grundrechtsgleiche Rechte 46
  I. Rechtsschutzgarantie (Art. 19 IV GG) 46
  II. Recht auf den gesetzlichen Richter (Art. 101 I 2 GG) 46
D. Grundrechtsverwirkung 47

Dritter Abschnitt: Verfassungsprozessrecht 49

A. Abstrakte Normenkontrolle 49
B. Konkrete Normenkontrolle 51
C. Bund-Länder-Streit 52
D. Organstreitverfahren 53

E. Verfassungsbeschwerde nach Art. 93 I Nr. 4a GG, § 90 I
BVerfGG 54
F. Erlass einer einstweiligen Anordnung (§ 32 BVerfGG) 56

Vierter Abschnitt: Allgemeines Verwaltungsrecht 59

A. Anwendbarkeit des VwVfG 59
B. Verwaltungsakt 59
   I. Begriff des VA 59
   II. Wirksamkeit des VA 60
   III. Rechtmäßigkeit eines Verwaltungsakts 60
   IV. Fehlerfolgen 62
   V. Zusicherung 64
   VI. Rücknahme eines Verwaltungsakts 64
   VII. Widerruf eines Verwaltungsakts 67
   VIII. Rückforderungsbescheid 68
   IX. Erfolgsaussichten eines Antrags nach § 51 VwVfG 68
   X. Erlass von Nebenbestimmungen 69
C. Verwaltungsvertrag 71
   I. Wirksamkeit des Verwaltungsvertrags 71
   II. Durchsetzbarkeit des Anspruchs 74
D. Verwaltungsvollstreckung 74
   I. Gestrecktes Verfahren 74
   II. Sofortvollzug 76
   III. Kostenbescheid im Vollstreckungsverfahren 77
E. Staatshaftungsrecht 78
   I. Amtshaftungsanspruch 78
   II. Ansprüche aus Eigentum 80
     1. Enteignungsentschädigung 80
     2. Enteignungsgleicher Eingriff 80
     3. Enteignender Eingriff 81
   III. Entschädigungspflichtige Inhalts- und Schranken-
bestimmung 81
   IV. Aufopferung 82
   V. Folgenbeseitigungsanspruch 82
   VI. Öffentlich-rechtlicher Erstattungsanspruch 83
   VII. Ansprüche aus öffentlich-rechtlichem Schuldverhält-
nis 84
     1. § 280 I BGB analog 84
     2. Öffentlich-rechtliche GoA 85

Fünfter Abschnitt: Besonderes Verwaltungsrecht 87

A. Polizeirecht 87
   I. Polizeiliche Einzelfallanordnung 87

    II. Platzverweis 90
   III. Ingewahrsamnahme... 90
   IV. Durchsuchung von Personen 91
    V. Durchsuchung von Sachen 91
   VI. Betreten und Durchsuchung von Wohnungen 91
  VII. Sicherstellung und Beschlagnahme 91
 VIII. Polizeiverordnung 92
   IX. Unmittelbare Ausführung 93
B. Versammlungsrecht.. 94
    I. Auflage oder Versammlungsverbot..................................... 95
   II. Versammlungsauflösung 96
C. Kommunalrecht 96
    I. Selbstverwaltungsgarantie (Art. 28 II GG)......................... 96
   II. Ratsbeschluss 98
  III. Kommunale Satzungen.. 99
   IV. Zugang zu öffentlichen Einrichtungen 100
    V. Anweisung des Bürgermeisters zur Beanstandung........... 101
D. Baurecht 102
    I. Baugenehmigung.. 102
   II. Vorbescheid... 107
  III. Nutzungsuntersagung und Beseitigungsanordnung........... 107
   IV. Baueinstellungsverfügung 108
    V. Rechtmäßigkeit eines Bebauungsplans............................. 109
E. Gewerberecht.. 110
    I. Schließungsanordnung (bei Betrieb ohne Zulassung) 110
   II. Untersagungsverfügung.. 111
  III. Veranstaltungsteilnahme 112
   IV. Gaststättengenehmigung.. 113
    V. Erteilung einer Gaststättenerlaubnis 113
   VI. Rücknahme einer Gaststättenerlaubnis.............................. 114
  VII. Widerruf einer Gaststättenerlaubnis 115
F. Umweltrecht... 116
    I. Anlagengenehmigung nach BImSchG 116
   II. Nachträglich Anordnung nach BImSchG........................... 118
  III. Abfallrechtliche Maßnahmen 118
G. Beamtenrecht... 121
   Beamtenernennung 121
H. Ausländerrecht 122
    I. Ausweisung... 122
   II. Aufenthaltserlaubnis... 123
I. Straßenrecht 124
   Sondernutzungserlaubnis 124

Sechster Abschnitt: Verwaltungsprozessrecht 127

A. Anfechtungsklage 127
B. Verpflichtungsklage 128
C. Widerspruch 130
D. Fortsetzungsfeststellungsklage 130
E. Feststellungsklage 132
F. Leistungsklage 133
G. Normenkontrolle 135
H. Einstweiliger Rechtsschutz 136
   I. § 80 V VwGO 136
   II. Anordnung sofortiger Vollziehung (§ 80 II Nr. 4
       VwGO) 137
   III. § 123 VwGO 138

Siebter Abschnitt: Europarecht 141

A. Grundfreiheiten 141
   I. Warenverkehrsfreiheit (Art. 34 ff. AEUV) 141
   II. Arbeitnehmerfreizügigkeit (Art. 45 ff. AEUV) 142
   III. Niederlassungsfreiheit (Art. 49 ff. AEUV) 142
   IV. Dienstleistungsfreiheit (Art. 56 ff. AEUV) 143
   V. Kapitalverkehrsfreiheit (Art. 63 ff. AEUV) 144
   VI. Allgemeines Diskriminierungsverbot nach Art. 18 I
       AEUV 144
B. Grundrechte 145
   I. Freiheitsrechte 145
   II. Gleichheitsrechte 145
C. Klagearten 146
   I. Nichtigkeitsklage (Art. 263 f. AEUV) 146
   II. Untätigkeitsklage (Art. 265 f. AEUV) 147
   III. Vertragsverletzungsverfahren (Art. 258, 259 AEUV) 149
   IV. Vorabentscheidungsverfahren (Art. 267 AEUV) 149

Achter Abschnitt: Völkerrecht 151

A. Allgemeines Völkerrecht 151
   I. Völkerrechtliches Delikt 151
   II. Streitige Gerichtsbarkeit des IGH 153
B. EMRK 154
   I. Konventionsrechtsverletzung 154
   II. Individualbeschwerde zum EGMR 155

Stichwortverzeichnis 159

Abkürzungsverzeichnis

a.A.	anderer Ansicht
AAZuVO	Aufenthalts- und Asyl-Zuständigkeitsverordnung BW
AbfZustV	Abfallzuständigkeitsverordnung BY
Abs.	Absatz
AEUV	Vertrag über die Arbeitsweise der Europäischen Union
AGVwGO	Ausführungsgesetz zur Verwaltungsgerichtsordnung
Alt.	Alternative(n)
Art.	Artikel
AufenthG	Aufenthaltsgesetz
Aufl.	Auflage
BauGB	Baugesetzbuch
BauNVO	Baunutzungsverordnung
BauO	Bauordnung
BayBO	Bayerische Bauordnung
BayImschG	Bayerisches Immissionsschutzgesetz
BayStrWG	Bayerisches Straßen- und Wegegesetz
BayVersG	Bayerisches Versammlungsgesetz
BBG	Bundesbeamtengesetz
BestG	Bestattungsgesetz
BGB	Bürgerliches Gesetzbuch
BGHZ	Entscheidungen des Bundesgerichtshofs in Zivilsachen
BImSchG	Bundes-Immissionsschutzgesetz
BImSchVO	Verordnung zur Durchführung des Bundes-Immissionsschutzgesetzes
BImSchZuVO	Immissionsschutz-Zuständigkeitsverordnung BW
BRRG	Beamtenrechtsrahmengesetz
BVerfG	Bundesverfassungsgericht
BVerfGG	Bundesverfassungsgerichtsgesetz
BVerfGE	Entscheidung des Bundesverfassungsgerichts
BVerwG	Bundesverwaltungsgericht
BVerwGE	Entscheidung des Bundesverwaltungsgerichts
BW	Baden-Württemberg
BWG	Bundeswahlgesetz
BY	Bayern
bzgl.	bezüglich
bzw.	beziehungsweise
d.h.	das heißt

EMRK	Europäische Menschenrechtskonvention
etc.	et cetera
f., ff.	folgende(r)
GastG	Gaststättengesetz
GastV	Gaststättenverordnung BY
GastVO	Gaststättenverordnung BW
GebG	Gebührengesetz NRW
gem.	gemäß
GemO	Gemeindeordnung BW
GewO	Gewerbeordnung
GewOZuVO	Verordnung der Landesregierung über Zuständigkeiten nach der Gewerbeordnung BW
GewRV	Gewerberechtsverordnung NRW
GewV	Verordnung zur Durchführung der Gewerbeordnung BY
GG	Grundgesetz
ggf.	gegebenenfalls
GO BReg	Geschäftsordnung der Bundesregierung
GO BT	Geschäftsordnung des Bundestages
GO	Gemeindeordnung
GrCh	Grundrechtecharta
grds.	Grundsätzlich
GVG	Gerichtsverfassungsgesetz
h.M.	herrschende Meinung
i.d.R.	in der Regel
i.S.(d.)	im Sinne (der/des)
iVm	in Verbindung mit
IGH	Internationaler Gerichtshof
ILC	International Law Commission
insb.	insbesondere
KAG	Kommunalabgabengesetz
KrO	Kreisordnung
KrWG	Kreislaufwirtschaftsgesetz
LabfG	Landesabfallgesetz
LBO	Landesbauordnung
LG	Landschaftsgesetz NRW
LHundG	Landeshundegesetz NRW
LStVG	Landesstraf- und Verordnungsgesetz BY
LVwVGKO	Vollstreckungskostenordnung BW
Nr.	Nummer
NRW	Nordrhein-Westfalen
OBG	Ordnungsbehördengesetz NRW
OVG	Oberverwaltungsgericht
PAG	Polizeiaufgabengesetz BY
PartG	Parteiengesetz
PBefG	Personenbeförderungsgesetz
POG	Polizeiorganisationsgesetz
PolG	Polizeigesetz

PUAG	Untersuchungsausschussgesetz
s.(o.)	siehe (oben)
sog.	sogenannte/r/s
StGB	Strafgesetzbuch
StPO	Strafprozessordnung
StrG	Straßengesetz BW
StrWG	Straßen- und Wegegesetz NRW
u.a.	unter anderem
usw.	und so weiter
VA	Verwaltungsakt
Var.	Variante
VersammlGZustV	Verordnung über Zuständigkeiten nach dem Versammlungsgesetz NRW
VersGZuV	Verordnung des Innenministeriums über Zuständigkeiten nach dem Versammlungsgesetz BW
VGH	Verwaltungsgerichtshof
vgl.	vergleiche
VN	Vereine Nationen
VwGO	Verwaltungsgerichtsordnung
VwVfG	Verwaltungsverfahrensgesetz
VwZVG	Verwaltungszustellungs- und Vollstreckungsgesetz BY
zB	zum Beispiel
ZPO	Zivilprozessordnung
ZustAVO	Verordnung über Zuständigkeiten im Ausländerwesen NRW
ZustVAuslR	Zuständigkeitsverordnung Ausländerrecht BY
ZustVU	Zuständigkeitsverordnung Umweltschutz NRW

Erster Abschnitt: Staatsrecht

Staat	Die „mit ursprünglicher Herrschaftsmacht ausgerüstete Körperschaft eines sesshaften Volkes" (Jellinek). Der Staatsbegriff umfasst danach *Staatsgebiet*, *Staatsgewalt* und *Staatsvolk*.	1
Staatsgebiet	Territorialer Bereich, auf den sich die Staatsgewalt erstreckt.	2
Staatsgewalt	Alleinige, umfassende und prinzipiell unbegrenzte Herrschaftsmacht des Staates innerhalb seines Staatsgebietes und über sein Staatsvolk.	3
Staatsvolk	All jene Personen, auf die sich die Staatsgewalt in personeller Hinsicht erstreckt.	4

A. Rechtsquellen

Formelles Gesetz (Parlamentsgesetz)	Maßnahme, die vom Parlament in einem Gesetzgebungsverfahren beschlossen wird.	5
Materielles Gesetz (Rechtsnorm)	Jede generell-abstrakte Regelung mit Außenwirkung.	6
Rechtsverordnung	Rechtsnorm, die durch ein Regierungs- oder Verwaltungsorgan erlassen wird.	7

I. Formelles Gesetz (Parlamentsgesetz)

1. Gesetzgebungskompetenzen

Ausschließliche Kompetenz	Kompetenz des Bundes, bestimmte Gegenstände in alleiniger Zuständigkeit zu regeln.	8
Bundeskompetenz kraft Natur der Sache	besteht bei Sachgebieten, die logisch zwingend nur durch den Bund oder bundeseinheitlich erfolgen (zB Regelung der Hauptstadt, der Nationalhymne, der Flagge, der Nationalfeiertage).	9
Bundeskompetenz kraft Sachzusammenhang	besteht, „wenn eine dem Bund ausdrücklich zugewiesene Materie verständlicherweise	10

		nicht geregelt werden kann, ohne daß zugleich eine nicht ausdrücklich zugewiesene Materie mitgeregelt wird, wenn also ein Übergreifen in nicht zugewiesene Materien unerlässliche Voraussetzung für die Regelung einer der Bundesgesetzgebung ausdrücklich zugewiesenen Materie" ist (BVerfGE 3, 407 [421]; 98, 265, [299]).
11	Annexkompetenz des Bundes	verbleibt innerhalb des durch den ausdrücklichen Kompetenztitel bezeichneten Sachbereichs und erweitert diesen durch Einbeziehung von Stadien der Vorbereitung und Durchführung.
12	Konkurrierende Kompetenz	Gesetzgebungsbefugnis der Länder, solange und soweit der Bund von seiner Gesetzgebungszuständigkeit nicht durch Gesetz Gebrauch gemacht hat
13	Zur Herstellung gleichwertiger Lebensverhältnisse	dient ein Gesetz nach Auffassung des BVerfG, wenn es darum geht, eine bereits eingetretene oder konkret drohende erhebliche Auseinanderentwicklung der Lebensverhältnisse in den Bundesländern umzukehren oder zu verhindern, die das bundesstaatliche Sozialgefüge beeinträchtigt (BVerfGE 106, 62 [143 f.]).
14	Der Wahrung der Rechtseinheit	dient ein Gesetz, wenn die unterschiedliche Behandlung desselben Lebenssachverhalts in den verschiedenen Ländern unter Umständen erhebliche Rechtsunsicherheiten und damit unzumutbare Behinderungen für den länderübergreifenden Rechtsverkehr ergeben kann.
15	Der Wahrung der Wirtschaftseinheit	dient ein Gesetz, wenn es um die Erhaltung der Funktionseinheit des Wirtschaftsraums durch bundeseinheitliche Rechtssetzung geht.

16   I. Gesetzgebungskompetenz des Bundesgesetzgebers

1. Ausschließliche Kompetenz

   a) Katalog der Sachbereiche des Art. 73 I GG

   b) Vereinzelt im GG: zB Art. 4 III 2 GG; Art. 21 III GG; Art. 23 I 2 GG, Art. 38 III GG; Art. 93 III GG; Art. 105 I GG.

c) Ungeschriebene Kompetenzen

    aa) Bundeskompetenz kraft Natur der Sache

    bb) Bundeskompetenz kraft Sachzusammenhang

    cc) Annexkompetenz des Bundes

2. Konkurrierende Kompetenz

    a) Katalog der Sachbereiche des Art. 74 I GG *und*

    b) Erfordernis bundeseinheitlicher Regelung (Art. 72 II GG)

        aa) Unwiderlegliche Vermutung nicht in Abs. 2 genannte Fälle

        bb) Prüfungserfordernis (!) für in Abs. 2 genannte Fälle

            (1) Herstellung gleichwertiger Lebensverhältnisse (Var. 1)

            (2) Wahrung der Rechtseinheit (Var. 2)

            (3) Wahrung der Wirtschaftseinheit (Var. 3).

II. Gesetzgebungskompetenz des Landesgesetzgebers

1. In den oben nicht genannten Fällen (Art. 70 I GG)

2. Im Bereich der ausschließlichen Kompetenz nur, wenn und soweit sie hierzu in einem Bundesgesetze ausdrücklich ermächtigt werden (Art. 71 GG)

3. Im Bereich der konkurrierenden Kompetenz

    a) solange und soweit der Bund von seiner Gesetzgebungszuständigkeit nicht durch Gesetz Gebrauch gemacht hat (Art. 72 I GG),

    b) im Falle einer Abweichungskompetenz (Art. 72 III GG)

2. Gesetzgebungsverfahren

Lesung	Sitzung im Parlament, in der über einen Gesetzesentwurf diskutiert wird	17
Beschlussfähigkeit	Fähigkeit eines Kollegialorgans (hier: des Parlaments), wirksame Entscheidungen fassen zu können	18

19	Abstimmungsmehrheit	Abstimmungsmehrheit nimmt als Bezugspunkt die Gesamtzahl der abgegebenen Stimmen, d. h. Stimmenthaltungen zählen nicht (= relative Mehrheit).
20	Einfache Abstimmungsmehrheit	Abstimmungsmehrheit im Vergleich zu den Stimmen, die andere Personen in einer Sachfrage abgegeben haben.
21	Mitgliedermehrheit (= absolute Mehrheit, Kanzlermehrheit)	Mehrheit der gesetzlichen Mitgliederzahl des Bundestages (Art. 121 GG). = 598 plus Überhangmandate nach § 1 I 1 iVm § 6 V BWG.
22	Qualifizierte Mitgliedermehrheit	Mehrheit der Mitglieder entsprechend einem verfassungsgesetzlich festgelegten Quorum
23	Unverzüglich	Ohne schuldhaftes Zögern (§ 121 I BGB)
24	Einspruchsgesetz	Bundesgesetze, die ohne Zustimmung des Bundesrates in Kraft treten können
25	Zustimmungsgesetz	Bundesgesetze, die nur mit Zustimmung des Bundesrates in Kraft treten können
26	Doppelt qualifizierte (Abstimmungs-) Mehrheit	Wenn der Bundesrat mit 2/3 Mehrheit Einspruch gegen ein Gesetz erhoben hat, muss die Zurückweisung des Einspruchs mit einer 2/3-Mehrheit der abgegebenen Stimmen erfolgen; diese Stimmen müssen mindestens die Mehrheit der gesetzlichen Mitgliederzahl ausmachen.
27	Gegenzeichnung	Die für die Rechtswirksamkeit eines von einem Staatsoberhaupt ausgestellten Dokumentes notwendige zusätzliche Unterschrift des zuständigen Ministers oder Regierungschefs.
28	Ausfertigung	Die den Gesetzgebungsprozess abschließende urkundliche Festlegung von Gesetzen, die i.d.R. durch Unterschrift des Staatsoberhauptes erfolgt.
29	Verkündung	Förmliche Bekanntgabe von Gesetzen und Rechtsverordnungen in den dafür bestimmten bestimmten Amtsblättern
30	Bundesgesetzblatt	Öffentliches Verkündungsblatt der Bundesrepublik Deutschland

Im Folgenden wird das **Gesetzgebungsverfahren** nach dem 31
Grundgesetz dargestellt. Sofern eine Landeskompetenz besteht, ergibt
sich das Verfahren nach dem jeweiligen Landesverfassungsrecht.[1]

I. Einleitungsverfahren: Gesetzesinitiative (Art. 76 I GG) 32

Bundesregierung (vgl. Art. 76 II 1 GG), Bundesrat (vgl. Art. 76
III 1 GG), „aus der Mitte des Bundestages"; (P!) Bedeutung des
§ 76 I GO BT?

II. Hauptverfahren (Art. 77, 78 GG)

1. Beratung in drei Lesungen (Art. 42 I 1 GG, § 78 I 1 GO BT)

2. Beschluss durch Bundestag (Art. 77 I 1 GG)

   a) (Formelle und materielle) Beschlussfähigkeit

   b) regelmäßige einfache Abstimmungsmehrheit (Art. 42 II 1
   GG); im Falle des verfassungsändernden Gesetzes: qualifizierte Mitgliedermehrheit (2/3)

3. Unverzügliche Weiterleitung an Bundesrat (Art. 77 I 2 GG)

4. Beteiligung des Bundesrates (Art. 77 II, III GG)

   a) Einspruchsgesetz: Keine Zustimmungsbedürftigkeit
   → Bundesrat darf keinen beachtlichen Einspruch einlegen
   (Art. 77 II, III GG). Beachte doppelt qualifizierte (Abstim-
   mungs-) Mehrheit

   b) Zustimmungsgesetz: Zustimmungsbedürftigkeit
   → Bundesrat muss wirksame Zustimmung erteilen.

III. Abschlussverfahren (Art. 82 GG)

1. Gegenzeichnung und Ausfertigung durch Bundespräsidenten

2. Verkündung im Bundesgesetzblatt

3. Verfassungsmäßigkeit des Gesetzes

I. Bei verfassungsändernden Gesetzen: 33
Maßstäbe des Art. 79 III GG

Geschützt sind

---

[1] Vgl. bspw. Art. 71 ff. BayVerf, Art. 59 ff. BWLV, Art. 42, 45 NdsVerf,
Art. 70 ff. SaVerf.

1. die „Gliederung des Bundes in Länder" (d.h. die föderale Struktur der BRD, nicht: die Existenz einzelner Länder!),

2. die „grundsätzliche Mitwirkung der Länder bei der Gesetzgebung" und

3. „die in den Art. 1 und 20 niedergelegten Grundsätze".

II. Vereinbarkeit mit den Grundrechten

III. Demokratieprinzip, insb.

1. Prinzip der Volkssouveränität

2. Prinzip der repräsentativen Demokratie

3. Prinzip der Periodizität

4. Prinzip der politischen Pluralität

5. Mehrheitsprinzip und Minderheitenschutz

IV. Rechtsstaatsprinzip, insb.

1. Gewaltenteilungsgrundsatz (Art. 20 II 2 GG)

2. Grundsatz der Rechtsbindung der Staatsgewalt,

   insb. Stufenbau der Rechtsordnung, Gesetzmäßigkeit der Verwaltung,

3. Grundrechtsschutz,

4. Rechtssicherheit,

   insb. Vertrauensschutz, Bestimmtheitsgrundsatz

5. Verhältnismäßigkeitsgrundsatz

6. Justizgewährungsanspruch (Art. 19 IV GG)

II. Rechtsverordnung

34	Wesentlich	Gesetzgeber ist verpflichtet, in grundlegenden normativen Bereichen – zumal im Bereich der Grundrechtsausübung, soweit diese staatlicher Regelung zugänglich ist – alle wesentlichen Entscheidungen selbst zu treffen.

I. Ordnungsgemäße Delegation gem. Art. 80 I 1, 2 GG   **35**

1. Formelle Verfassungsmäßigkeit des Ermächtigungsgesetzes (Gesetzgebungskompetenz und -verfahren)

2. Richtiger Ermächtigungsadressat nach Art. 80 I 1 GG: Bundesregierung, Bundesminister, Landesregierung

3. Bestimmtheitsanforderung nach Art. 80 I 2 GG

4. Materielle Verfassungsmäßigkeit des Ermächtigungsgesetzes,

   insb. Verstoß gegen Rechtsstaats- und Demokratieprinzip: Verbot der Delegation wesentlicher Entscheidungen.

II. Rechtmäßigkeit der Rechtsverordnung

1. Zuständigkeit

2. Verfahren

   (bspw. Zustimmung des Bundesrats nach Art. 80 II GG; Zustimmung des Bundestages aus Ermächtigungsnorm (str.: nach h.M. Zulässigkeit des Zustimmungsvorbehalts als Minus zur vollen Delegation).

3. Form

   a) Angabe der Ermächtigungsnorm nach Art. 80 I 3 GG

   b) Ausfertigung und Verkündung gem. Art. 82 I 2 GG

4. Vereinbarkeit der Rechtsverordnung mit Ermächtigungsnorm

5. Vereinbarkeit mit höherrangigem Recht

Zur Satzung s. auch unter Rn. 370.

B. Bundestag

I. Bundestagsauflösung nach Art. 63 IV 3 GG

Mitgliedermehrheit (= absolute Mehrheit, Kanzlermehrheit)	Mehrheit der gesetzlichen Mitgliederzahl des **36** Bundestages (Art. 121 GG). = 598 plus Überhangmandate nach § 1 I 1 iVm § 6 V BWG.

37   I. Voraussetzung: Drei erfolglose Wahlgänge,

d.h. keine Mitgliedermehrheit für die/den zur Wahl stehenden Kandidaten/Kandidatin.

II. Rechtsfolge

1. Ermessen des Bundespräsidenten

2. Frist des Art. 63 IV 3 GG: 7 Tage

II. Bundestagsauflösung nach Art. 68 I 1 GG

38 Vertrauensfrage	Anfrage des Bundeskanzlers an die Mitglieder des Parlaments, ob sie noch deren Vertrauen genießen.

39   I. Formelle Voraussetzungen

1. Zuständigkeit des Bundespräsidenten (Art. 68 I 1 GG)

2. Verfahren

a) (Formell ordnungsgemäß gestellte) Vertrauensfrage des Bundeskanzlers

b) Wartefrist des Art. 68 II GG: 48h

c) Zustimmungsquorum (Art. 68 I 1 GG, Art. 121 GG)

d) Vorschlag des Bundeskanzlers (Art. 68 I 1 GG)

3. Form: nicht geregelt

II.   Materielle Voraussetzungen: Erfordernis einer „materiellen Auflösungslage" (str.)

III. Rechtsfolge: Entscheidung des Bundespräsidenten

1. Frist des Art. 68 I 1 GG: 21 Tage

2. Kein Erlöschen des Auflösungsrechts nach Art. 68 I 2 GG

3. Gegenzeichnung (Art. 58 GG) der Auflösungsverfügung nach Art. 68 I 3 GG (hierzu *Thiele*, JA 2005, 871 ff.)

4. Ermessen

III. Anberaumung von Neuwahlen

I. Formelle Voraussetzungen   **40**

   1. Zuständigkeit des Bundespräsidenten (§ 16 S. 1 BWahlG)

   2. Frist (Art. 39 I 4 GG): 60 Tage

II. Materielle Voraussetzungen: Ordnungsgemäße Bundestagsauflösung

IV. Ordnungsgemäße Einsetzung eines Untersuchungsausschusses

Untersuchungs ausschuss	Gremium, das vom deutschen Bundestag eingesetzt werden kann, in dem Mitglieder aller Parteien sind und das bestimmte politisch streitige Sachverhalte aufklären soll.

41 (margin number for the box)

I. Formelle Verfassungsmäßigkeit: **42**

   1. Verfahrensfehlerfreie **Einsetzung** durch Bundestagsbeschluss (§ 1 II PUAG)

   Insb. Art. 44 I 1 Alt. 2 GG, § 1 I Alt. 2 PUAG: Minderheitenenquete. In letzterem Fall darf Einsetzungsbeschluss den im Einsetzungsantrag bezeichneten Untersuchungsgegenstand grds. nicht ändern (§ 2 II PUAG); Ausnahme nach BVerfGE 49, 70 (88): Ermittlung eines umfassenderen Bildes.

   2. Hinreichende Bestimmtheit (könnte auch im Rahmen der materiellen Verfassungsmäßigkeit geprüft werden)

   [Ggf.:

   3. Abgrenzung nach Art. 45a III GG (vgl. Art. 45a II 1 GG iVm § 34 I 2 PUAG → Zuständigkeit des Verteidigungsausschusses)]

II. Materielle Verfassungsmäßigkeit: Verfassungsrechtliche Zulässigkeit des Untersuchungsgegenstandes

   1. Zuständigkeitsbereich des Bundestags (Art. 44 GG, § 1 III PUAG)

   2. Öffentliches Interesse am Untersuchungsgegenstand; nicht bei rein privaten Sachverhalten

A.A.: Seit Erlass des PUAG wird öffentliches Interesse bei Antragstellung durch ¼ der Bundestagsmitglieder unwiderleglich vermutet; *Schneider*, NJW 2001, 2604 (2605): eigenständige Prüfung entfällt.

C. Abgeordnete

43	Abgeordneter	Wahlberechtigter im Deutschen Bundestag.
44	Immunität.	Gesetzlich garantierter Schutz vor Strafverfolgung, der für Abgeordnete und Diplomaten generell gilt, aber in besonderen Fällen aufgehoben werden kann.
45	Indemnität	Schutz des Abgeordneten in Wahrnehmung seines Mandats vor strafrechtlicher Verfolgung.

I. Immunität des Abgeordneten

46 **I. Voraussetzungen**

1. Persönlicher Anwendungsbereich: Abgeordneter des Bundestages (Art. 46 II Hs. 1 GG)

2. Zeitlicher Anwendungsbereich: von Aufnahme des Mandats bis zum Ablauf der Wahlperiode (zum Ruhen der Verjährung vgl. § 78b StGB).

3. Ausnahme: Festnahme bei Begehung der Tat oder im Laufe des folgenden Tages (Art. 46 II Hs. 2 GG)

II. Rechtsfolge: Verfahrensrechtlicher Schutz

Abgeordneter darf für Tat **ohne Genehmigung** des Bundestages nicht „zur Verantwortung gezogen" werden. D.h. verfahrensrechtlicher Schutz; kein genereller Verfolgungsschutz.

II. Indemnität des Abgeordneten

47 **I. Voraussetzungen**

1. Bundestagsabgeordnete (Art. 46 I 1 GG; vgl. [P!])

2. Sachlicher Anwendungsbereich: Abstimmungen und Äußerungen (Ausnahme: verleumderische Beleidigungen nach Art. 46 I 2 GG)

3. Institutioneller Anwendungsbereich: Bundestag und seine Ausschüsse

4. Zeitlicher Anwendungsbereich: Dauer der Bundestagsmitgliedschaft

II. Rechtsfolge: Verfolgungsschutz

D. Bundesregierung

Wahl des Bundeskanzlers

Mitgliedermehrheit	Mehrheit der gesetzlichen Mitgliederzahl des Bundestages (Art. 121 GG) (= absolute Mehrheit, Kanzlermehrheit. Erforderlich für Wahl des Bundeskanzlers, konstruktives Misstrauensvotum).	**48**
Abstimmungsmehrheit	Abstimmungsmehrheit nimmt als Bezugspunkt die Gesamtzahl der abgegebenen Stimmen, d. h. Stimmenthaltungen zählen nicht (= relative Mehrheit).	**49**

I. Voraussetzungen   **50**

1. Vorschlag des Bundespräsidenten gem. Art. 63 I GG

2. Wahl durch den Bundestag

   a) im ersten Wahlgang: mit Mitgliedermehrheit (Art. 63 II GG)

   b) nach erfolglosem ersten Wahlgang im zweiten Wahlgang: mit Mitgliedermehrheit (Art. 63 III GG)

   c) nach erfolglosem zweiten Wahlgang: mit Abstimmungsmehrheit (Art. 63 IV GG)

II. Rechtsfolge

Wahl eines Bundeskanzlers in den Fällen von 2a, b); im Falle von 2c) liegt die Ernennung im Ermessen des Bundespräsidenten

E. Parteien

I. Parteiverbotsverfahren

51   **I. Zulässigkeit**

1. Zuständigkeit des BVerfG (Art. 21 II 2 GG, § 13 Nr. 2 BVerf-GG)

2. Antragsberechtigung: Bundestag, Bundesrat, Bundesregierung (§ 43 I BVerfGG), ggf. Landesregierung (§ 43 II BVerfGG)

3. Antragsgegenstand: (Konstitutive) Feststellung der Verfassungswidrigkeit einer politischen Partei

4. Antragsgegner: Politische Parteien (vgl. § 3 PartG; § 44 BVerfGG iVm § 11 PartG)

5. Form (§ 23 I BVerfGG)

6. Vorverfahren nach § 45 BVerfGG

II. Begründetheit

Der Antrag ist begründet, wenn der Antragsgegner nach Art. 21 II 1 GG darauf ausgeht,

1. die freiheitliche demokratische Grundordnung zu beeinträchtigen oder zu beseitigen (Alt. 1) oder

2. den Bestand der Bundesrepublik Deutschland gefährdet (Alt. 2)

III. Entscheidung

Nach § 46 I BVerfGG ggf. Feststellung, dass die Partei verfassungswidrig ist (vgl. hierzu § 15 IV 1 BVerfGG **(!)**: Erfordernis einer 2/3-Mehrheit des Senats). Zugleich nach § 46 III 1 BVerfGG: Auflösung der Partei und Verbot, eine Ersatzorganisation zu gründen; evtl. auch Einziehung des Parteivermögens (§ 46 III 2 BVerfGG); ggf. Mandatsverlust (§ 46 I Nr. 5, IV BWahlG)

| **52** Politische Partei | Vereinigungen von Bürgern, die dauernd oder für längere Zeit für den Bereich des Bundes oder eines Landes auf die politische Willensbildung Einfluß nehmen und an der Vertretung des Volkes im Deutschen Bundestag oder einem Landtag mitwirken wollen, wenn |

	sie nach dem Gesamtbild der tatsächlichen Verhältnisse, insb. nach Umfang und Festigkeit ihrer Organisation, nach der Zahl ihrer Mitglieder und nach ihrem Hervortreten in der Öffentlichkeit eine ausreichende Gewähr für die Ernsthaftigkeit dieser Zielsetzung bieten (§ 2 I 1 PartG).	
Verfassungswidrige Parteien	Parteien, die die Beseitigung der freiheitlich demokratischen Grundordnung oder des Bestandes der Bundesrepublik zum Ziel haben.	53
„darauf ausgehen"	Zielgerichtetes, planvolles Vorgehen i.S.e. aktiv kämpferischen, aggressiven Haltung.	54
Freiheitlich demokratische Grundordnung	Kernsubstanz der Verfassung, mithin eine Ordnung, die unter Ausschluss jeglicher Gewalt- und Willkürherrschaft eine rechtsstaatliche Herrschaftsordnung auf der Grundlage der Selbstbestimmung des Volkes nach dem Willen der jeweiligen Mehrheit und der Freiheit und der Gleichheit darstellt (BVerfGE 2, 1 [12 f.]).	55
Beeinträchtigen	Eliminierung „nur" einzelner Elemente der freiheitlichen demokratischen Ordnung	56
Beseitigen	Vollständige Abschaffung der existenten staatlichen Ordnung „auf einen Schlag"	57
Gefährdung des Bestandes der Bundesrepublik Deutschland	Jede Infragestellung der Integrität des in der Präambel des Grundgesetzes mit der Aufzählung der Bundesländer umschriebenen Territoriums, zB durch separatistische Bestrebungen.	58

II. Gleichbehandlungsgebot (Art. 21 I GG iVm Art. 3 I GG)

I. Verstoß gegen Gleichbehandlungsgrundsatz   59

1. Pflicht zur Gleichbehandlung

2. Ungleichbehandlung

II. Verfassungsrechtliche Rechtfertigung

III. § 5 PartG

60 Öffentliche Leistungen	Jedwede wettbewerbserheblichen Vorteile, die durch einen Träger der öffentlichen Gewalt gewährt werden.

61 **I. Voraussetzungen**

1. Öffentliche Leistungen

2. Anspruchsverpflichtete sind nur die Träger der öffentlichen Gewalt, d.h. Bund, Länder, Gemeinden, Körperschaften des öffentlichen Rechts, nicht jedoch Private

3. Anspruchsberechtigte: Parteien; bei wahlbezogenen Leistungen: nur für Parteien, die Wahlvorschläge eingereicht haben (§ 5 II PartG)

4. Ggf. Bindung an sachliche Voraussetzungen (§ 5 III PartG)

II. Rechtsfolge

Anspruch auf funktionale Gleichbehandlung (§ 5 I 2, 3 PartG)

F. Wahlrecht

I. Wahlrechtsgrundsätze (Art. 38 I GG)

62 Allgemeinheit der Wahl	Wahlrecht steht grds. allen Bürger (deutscher Staatsangehörigkeit) zu.
63 Freiheit der Wahl	Keine Beeinflussung, kein (un-)mittelbarer Zwang
64 Geheime Wahl	Unzulässigkeit der Offenbarungspflicht der Stimmabgabe; Erforderlichkeit von Schutzvorkehrungen
65 Gleichheit der Wahl	Recht auf gleiche Berücksichtigung/Gewichtung der einzelnen Stimmen bestehend aus *Zählwertgleichheit*: Alle haben die gleiche Zahl von Stimmen; *Erfolgswertgleichheit*: Alle Stimmen sind in gleicher Weise bei der Ermittlung des Wahlergebnisses zu berücksichtigen/zu gewichten; *Chancengleichheit der Bewerber*: Keine Differenzierung zwischen parteiangehörigen und parteilosen Kandidaten.

| Öffentlichkeit der Wahl | Öffentliche Kontrolle der Wahlvorschlagsverfahren sowie der Auszählung der Stimmen und der Feststellung des Wahlergebnisses | 66 |
| Unmittelbarkeit der Wahl | Ohne dazwischengeschaltete Instanzen | 67 |

I. Eröffnung des Schutzbereichs   68

1. Persönlich: Jeder

2. Sachlich: Freiheit, Gleichheit, Allgemeinheit, Gleichheit, Öffentlichkeit, Unmittelbarkeit der Wahl

II. Eingriff: Jede Beschränkung der Wahlrechtsgrundsätze

III. Verfassungsrechtliche Rechtfertigung

Beachte: Der Grundsatz der „Gleichheit der Wahl" ist eine streng formalisierte Ausprägung des allgemeinen Gleichheitssatzes. Verfassungsrechtliche Rechtfertigung nur, wenn zwingender Grund (ein sachlicher Grund reicht nicht).

II. Wahlprüfungsbeschwerde

I. Zulässigkeit   69

1. Zuständigkeit des BVerfG, Art. 93 I Nr. 5, Art. 41 II GG, §§ 13 Nr. 3, 48 BVerfGG

2. Beschwerdeberechtigung: § 48 I BVerfGG [Kein Erfordernis einer Beschwerdebefugnis!]

3. Statthaftigkeit der Beschwerde: Zurückweisender Bundestags-Beschluss

4. Beschwerdegegenstand: Gültigkeit der Wahl – in dem Umfang, in dem der Bundestag über den Wahleinspruch entschieden hat

5. Form (§ 23 I 1; 2 Hs. 1 BVerfGG, § 48 I Hs. 2 BVerfGG)

6. Frist (§ 48 I Hs. 1 BVerfGG): 2 Monate seit Beschlussfassung des Bundestages

7. Rechtsschutzbedürfnis

   kein Ablauf der Legislaturperiode; Ausnahme bei klärungsbedürftigen Grundsatzfragen (BVerfG 2 BvC 6/04)

II. Begründetheit

Der Antrag ist begründet, wenn die Behandlung des Einspruchs durch den Bundestag formell fehlerhaft erfolgt ist oder die Wahl materiell gegen verfassungsrechtliche Wahlgrundsätze oder gegen einfaches Wahlrecht verstößt und sich dies auf die Mandatsverteilung ausgewirkt haben kann.

Das BVerfG prüft hierbei auch, ob das maßgebliche Wahlgesetz materiell mit dem Grundgesetz vereinbar ist.

1. Formell ordnungsgemäßes Wahlprüfungsverfahren

Insb. Zuständigkeit des Bundestages nach § 1 WahlPrG iVm Art. 41 II GG, Vorbereitung der Entscheidung durch Wahlprüfungsausschuss nach § 3 WahlPrG, ordnungsgemäßer Beschluss des Bundestages mit einfacher Mehrheit nach § 13 I WahlPrG.

Mängel nur beachtlich, wenn sie wesentlich sind und der Entscheidung des Bundestages die Grundlage entziehen (BVerfGE 89, 243 [249]).

2. Vorliegen eines Wahlfehlers

a) Wahlrecht verfassungswidrig (Verstoß gegen Art. 38 I 1 GG)

b) Wahlrecht fehlerhaft angewendet (insb. Verstoß gegen BWG, BWO, ParteiG)

III. Rechtsfolge: Verstöße führen nur zur Ungültigkeit der Wahl bei

1. Mandatsrelevanz (Erheblichkeit) und

2. nach Abwägung mit Bestandsschutz des Parlaments (Demokratieprinzip)

III. Volksbeteiligung

70	Volksbefragung	Eine durch den Staat vorgenommene Erhebung der Meinung des Volkes zu einer genau formulierten Frage, die in einem förmlichen Verfahren durchgeführt wird.
71	Volksbegehren	Die vom Volk ausgehende Initiative zur Erreichung eines Volksentscheides.
72	Volksentscheid	Bindende Entscheidung des Volkes über eine ihm vorgelegte Frage oder einen Gesetzentwurf.

G. Föderalismus

Weisung	einzelfallbezogene Einschränkung des Handlungsspielraums einer hierarchisch untergeordneten organisatorischen Einheit durch eine übergeordnete Instanz.	73
Bundestreue	Verpflichtung zur Zusammenarbeit, Abstimmung, Koordination, gegenseitiger Information und Rücksichtnahme, die insb. bei Ausübung an sich gegebener Kompetenzen zu beachten ist.	74
Sachkompetenz	Kompetenz zur Beurteilung der Rechtmäßigkeit und Zweckmäßigkeit des Handelns	75
Wahrnehmungskompetenz	Berechtigung zum Handeln nach außen sowie die Verantwortung gegenüber dem Bürger („Auftreten gegenüber dem Bürger")	76

Weisungsrecht nach Art. 85 III GG

I. Vorprüfung: Anwendbarkeit des Art. 85 GG (d.h. Fall der Bundesauftragsverwaltung?)   77

II. Formelle Rechtmäßigkeit

1. Verbandskompetenz des Bundes gem. Art. 85 III 1 GG

2. Organkompetenz: Gem. Art. 85 III 1 GG zuständige oberste Bundesbehörde.

3. Richtiger Weisungsempfänger: Gem. Art. 85 III 2 GG zuständige oberste Landesbehörde (außer im Falle der Eilbedürftigkeit).

4. Umfang der Weisung: Nur Einzelweisung

5. Bestimmtheit der Weisung

6. Anhörung (ungeschrieben, Herleitung: Bundestreue)

   a) Ankündigung der Weisung

   b) Gelegenheit zu vorheriger Stellungnahme

III. Materielle Rechtmäßigkeit

[0. ggf.: Überleitung der Sachkompetenz auf Bund, Folge: das Land kann nicht geltend machen, die Befolgung der Weisung führe zu einem Verstoß gegen das auszuführende Gesetz]

1. Umfang der Weisungskompetenz (nur Befugnis zur Übernahme der Sachkompetenz; Wahrnehmungskompetenz bleibt beim Land)

2. Grenzen der Weisungskompetenz: Weisungsbefugnis des Bundes darf nicht weitergehen als seine Gesetzgebungskompetenz in der Sache

H. Europarechtliche Bezüge

78 **I. Formelle Voraussetzungen**

1. Erlass eines Bundesgesetzes mit Zustimmung des Bundesrates

2. im Fall des Art. 23 I 3 GG: Zustimmungsquoren nach Art. 79 II GG

II. Materielle Voraussetzungen

1. Wahrung der Strukturvorgaben des Art. 23 I 1 GG

2. im Fall des Art. 23 I 3 GG: Einhaltung der Schranken des Art. 79 III GG

I. Völkerrechtliche Bezüge

79 **I. Verbandskompetenz (Art. 32 GG; sog. vertikale Gewaltenteilung)**

1. Grundsatz: Bund (Art. 32 I GG)

Art. 30 GG findet im Bereich der Außenkompetenzen keine Anwendung, sondern betrifft ausschließlich die Hoheitsausübung nach innen.

2. Ausnahme: Länder (Art. 32 III GG); hierdurch wird jedoch Bundeskompetenz nicht aufgehoben (vgl. unten).

II. Organkompetenz (Art. 59 GG, sog. horizontale Gewaltenteilung)

Nach Art. 59 I GG: umfassende Repräsentationsbefugnis des Bundespräsidenten; zugleich völkergewohnheitsrechtliche Übertragung auf Bundesregierung

III. Innerstaatliche Willensbildung (Art. 59 II 1 GG)

1. Bundestag als Träger auswärtiger Gewalt (Art. 59 II 1 Alt. 1 GG): Erlass des Zustimmungsgesetzes

2. Beteiligung des Bundesrates (Art. 59 II 1 Alt. 2, 2 GG)

Zweiter Abschnitt: Grundrechte

A. Freiheitsgrundrechte

I. Universelles Falllösungsschema

Schutzbereich	In sachlicher und persönlicher Hinsicht konkretisiertes Schutzgut eines Grundrechts	**80**
Deutsche	i.S. dieses Grundgesetzes ist vorbehaltlich anderweitiger gesetzlicher Regelung, wer die deutsche Staatsangehörigkeit besitzt oder als Flüchtling oder Vertriebener deutscher Volkszugehörigkeit oder als dessen Ehegatte oder Abkömmling in dem Gebiete des Deutschen Reiches nach dem Stande vom 31. Dezember 1937 Aufnahme gefunden hat (Art. 116 I GG).	**81**
Eingriff	Jedes staatliche Handeln, das dem Einzelnen ein Verhalten, das in den Schutzbereich eines Grundrechts fällt, ganz oder teilweise unmöglich macht (sog. moderner Eingriffsbegriff)	**82**
Echte (retroaktive) Rückwirkung	Gesetzgeber greift nachträglich in Tatbestände ein, die in der Vergangenheit begonnen und abgeschlossen wurden. Grds. unzulässig; Ausnahme nur, wenn mit der getroffenen Regelung zu rechnen war, bisherige Rechtslage „unklar und verworren" war, „zwingende Gründe des öffentlichen Wohls" dies rechtfertigen.	**83**
Unechte (retrospektive) Rückwirkung	Gesetz betrifft ein Geschehen, das in der Vergangenheit ins Werk gesetzt, jedoch noch nicht abgeschlossen wurde. Grds. zulässig; unzulässig, wenn das schutzwürdige Vertrauen des Bürgers die Interessen der Allgemeinheit überwiegt.	**84**
Verhältnismäßigkeit	Verlangt von jeder Maßnahme, die in Grundrechte eingreift, dass sie einen legitimen öffentlichen Zweck verfolgt und überdies geeignet, erforderlich und angemessen ist.	**85**

86   **A. Vorprüfung: Anwendungsbereich (Abgrenzung zu europäischen Grundrechten)**

B. Eröffnung des Schutzbereichs

   I. Persönlicher Schutzbereich: grds. jede natürliche Person; ggf. nur Deutsche; juristische Personen nach Art. 19 III GG

   II. Sachlicher Schutzbereich: richtet sich nach Grundrecht

C. Eingriff

D. Verfassungsrechtliche Rechtfertigung

   I. Einschränkbarkeit des Grundrechts, d.h. Schrankenvorbehalt oder kollidierendes Verfassungsrecht

   II. Verfassungsgemäße Konkretisierung durch Gesetz (= Schranke)

     1. Verfassungsmäßigkeit bzw. Rechtmäßigkeit des Gesetzes, insb. keine echte Rückwirkung (Abgrenzung zur unechten Rückwirkung)

     2. (bei Schrankenvorbehalt) Vereinbarkeit des Gesetzes mit Vorgaben des Grundrechts

     3. Spezielle Schranken-Schranken

     4. Allgemeinheitsgrundsatz (Art. 19 I 1 GG)

     5. Zitiergebot (Art. 19 I 2 GG)

     6. Wesensgehaltsgarantie (Art. 19 II GG)

     7. Verhältnismäßigkeit des Gesetzes

   III. bei Einzelfalleingriff

     1. Vereinbarkeit der Maßnahme mit gesetzlichen Vorgaben

     2. Verhältnismäßigkeit der Einzelmaßnahme

II. Menschenwürde (Art. 1 I GG)

87 Menschenwürde | Jener Wert- und Achtungsanspruch, der dem Menschen kraft seines Menschseins zukommt, unabhängig von seinen Eigenschaften, seinem körperlichen oder geistigen Zustand, seinen Leistungen oder seinem sozialen Status

| Nach der Objektformel | wird die Menschenwürde verletzt, „wenn der konkrete Mensch zum Objekt, zu einem bloßen Mittel, zur vertretbaren Größe herabgewürdigt wird" (*Dürig*). | **88** |

A. Eröffnung des Schutzbereichs   89

I. Persönlich: Jedermann (d.h. jede natürlich oder juristische Person iSd Art. 19 III GG)

II. Sachlich: Menschenwürde

B. Verletzung der Menschenwürde entsprechend der Objektformel
Art. 1 I GG genießt einen absoluten Geltungsanspruch, sodass ein Eingriff nicht zu rechtfertigen ist.

III. Allgemeine Handlungsfreiheit (Art. 2 I GG)

Allgemeine Handlungsfreiheit	Recht des Einzelnen, tun und lassen zu können, was er möchte	**90**
Verfassungsmäßige Ordnung	Gesamtheit aller formell und materiell rechtmäßigen Rechtsnormen (hM, vgl. BVerfG im Elfes-Urteil)	**91**
Rechte Dritter	sind bereits Bestandteil der allgemeinen Rechtsordnung.	**92**
Sittengesetz	Allgemein anerkannte Wertvorstellungen	**93**

A. Eröffnung des Schutzbereichs   94

I. Persönlich: Jedermann

II. Sachlich: Jegliches menschliches Verhalten (Rspr. u. h.M.; a.A. Schutz der grundlegenden Elemente der Persönlichkeit [Persönlichkeitskerntheorie])

B. Eingriff

C. Verfassungsrechtliche Rechtfertigung

I. Einschränkbarkeit des Grundrechts durch

   1. Rechte anderer,

   2. die verfassungsmäßige Ordnung oder

   3. das Sittengesetz

II. Verfassungsmäßige Schranke

III. bei Einzelfalleingriff

    1. Vereinbarkeit der Maßnahme mit gesetzlichen Vorgaben

    2. Verhältnismäßigkeit der Einzelmaßnahme

IV. Recht auf Leben und körperliche Unversehrtheit (Art. 2 II 1 Alt. 1, Alt. 2 GG)

95	Leben	Biologisch-physische Existenz – beginnend mit dem Zeitpunkt der Nidation und abschließend mit dem Ende der Gehirnfunktion.
96	Körperliche Unversehrtheit	Menschliche Gesundheit im biologisch-physiologischen Sinn, Gesundheit im psychischen Sinn (allerdings nur insoweit, als Beeinträchtigungen eine mit körperlichen Schmerzen vergleichbare Wirkung haben).

97   **A. Eröffnung des Schutzbereichs**

    I. Persönlich: *Jedermann*

    II. Sachlich: *Leben* und *körperliche Unversehrtheit*

B. Eingriff: Jedes Verhalten, das den Tod oder eine Körperverletzung bewirkt.

C. Verfassungsrechtliche Rechtfertigung

    I. Einschränkbarkeit des Grundrechts durch förmliches Parlamentsgesetz (Art. 2 II 3 GG)

    II. Verfassungsmäßige Schranke

    III. bei Einzeleingriff: s.o.

V. Körperliche Bewegungsfreiheit (Art. 2 II 2, 104 GG)

98	Freiheit	Körperliche Fortbewegungsfreiheit, jeden (öffentlich zugänglichen) Ort oder jeden Raum aufzusuchen oder zu verlassen.
99	Freiheitsbeschränkung	Jeder Eingriff in die Freiheit der Person.
100	Freiheitsentziehung	Festhalten an einem bestimmten Ort.

Ne bis in idem	Verbot der Doppelbestrafung	**101**
Nulla poena sine lege	Keine Strafe ohne Gesetz	**102**

A. Eröffnung des Schutzbereichs   **103**

   I. Persönlich: Jedermann

   II. Sachlich: (Fortbewegungs-)Freiheit

B. Eingriff: Freiheitsbeschränkung oder Freiheitsentziehung

C. Verfassungsrechtliche Rechtfertigung

   I. Einschränkbarkeit des Grundrechts

     1. im Falle der Freiheitsbeschränkung aufgrund eines förmlichen Gesetzes (Art. 104 I GG)

     2. im Falle der Freiheitsentziehung wirkt zudem der Richtervorbehalt des Art. 104 II GG

   II. Verfassungsmäßige Schranke s.o.

   III. bei Einzelfalleingriff: s.o.

VI. Glaubens-, Gewissens- und Weltanschauungsfreiheit (Art. 4 I GG)

Glaube	Vorstellung des Menschen von seiner Rolle in der Welt und seiner Beziehung zu höheren Mächten und tieferen Seinsschichten	**104**
Weltanschauung	Sinndeutung von Mensch und Welt ohne transzedentale Elemente	**105**
Gewissen	Eine an den Kategorien „Gut" und „Böse" orientierte, sittliche Entscheidung, die der Einzelne innerlich für sich trifft, und die für ihn ein solch bindendes Gewicht hat, dass er nicht ohne ernstliche Not gegen sie handeln kann.	**106**
Kriegsdienst mit der Waffe	Dienst, bei dem der Einzelne entweder selbst Waffen anwendet oder Waffenanwendung anderer unmittelbar unterstützen muss (im Krieg oder im Frieden).	**107**

108   **A. Eröffnung des Schutzbereichs**

    I. Persönlich: Jedermann

    II. Sachlich:

      1. Freiheit, einen Glauben oder eine Weltanschauung zu bilden und zu haben (forum internum) sowie seine religiöse bzw. weltanschauliche Überzeugung kundzutun, zu praktizieren und ihnen entsprechend zu handeln (forum externum) (Alt. 1)

      2. Freiheit des Einzelnen, dem persönlichen Bewusstsein vom sittlich Guten und Bösen gemäß zu handeln (Alt. 2)

    B. Eingriff

    C. Verfassungsrechtliche Rechtfertigung

    I. Einschränkbarkeit des Grundrechts nur durch kollidierendes Verfassungsrecht (!)

    II./III. s.o.

VII. Meinungs- und Informationsfreiheit sowie Presse-, Rundfunk- und Filmfreiheit (Art. 5 I 1 GG)

109	Meinung	→ Werturteile und meinungsbezogene Tatsachenbehauptungen. *Werturteile* sind Aussagen, die durch Elemente der Stellungnahme, des Dafürhaltens oder des Meinens geprägt sind. *Tatsachen* sind auf Wahrheitsgehalt überprüfbare Aussagen.
110	Schmähkritik	Äußerung, durch welche eine Person verächtlich gemacht werden soll und bei der es nicht mehr um eine Auseinandersetzung in der Sache, sondern um die Herabsetzung der Person geht.
111	Quelle	jeder denkbare Träger von Informationen.
112	Allgemein zugänglich	Informationsquelle, wenn sie technisch geeignet und bestimmt ist, der Allgemeinheit, also einem individuell nicht bestimmbaren Personenkreis, Informationen zu verschaffen. (Zweckbestimmung durch den Urheber als „allgemein zugänglich"!)

Sich unterrichten	Jede Form der Kenntnisnahme einschließlich der Anwendung der erforderlichen Hilfsmittel.	**113**
Presse	Jegliche zur Verbreitung von Informationen geeigneten und bestimmten Druckerzeugnisse unabhängig von Qualität und Inhalt (periodisch oder einmalig).	**114**
Rundfunk	Jede Veranstaltung und Verbreitungen von Darbietungen aller Art für einen unbestimmten Personenkreis mit Hilfe elektrischer Schwingungen.	**115**
Film	Jede Übermittlung von Gedankeninhalten durch Bilderreihen, die zur Projektierung bestimmt sind.	**116**
Allgemeine Gesetze	Gesetze, die sich nicht gegen die Meinungsfreiheit oder die Freiheit von Presse und Rundfunk an sich oder gegen die Äußerung einer bestimmten Meinung richten, sondern vielmehr dem Schutz eines schlechthin, ohne Rücksicht auf eine bestimmte Meinung, zu schützenden Rechtsguts dienen (so die Kombinationstheorie des BVerfG).	**117**

Recht der persönlichen Ehre	Die persönliche Ehre ist durch eine äußere und eine innere Komponente geprägt.
	   Die *äußere Komponente* kann als Zuschreibung sozialer Anerkennung erfasst werden;
	Die *innere Komponente der Ehre* betrifft den Achtungsanspruch, der dem Einzelnen alleine aufgrund seines Menschseins geschuldet ist.
	   s. auch: § 185 StGB (Beleidigung).
		118

(Vor-)Zensur	Einschränkende Maßnahmen vor der Herstellung oder Verbreitung eines Geisteswerkes, insb. das Abhängigmachen von behördlicher Vorprüfung und Genehmigung seines Inhalts.	**119**
Wechselwirkungslehre	Allgemeine Gesetze werden in ihrer das Grundrecht begrenzenden Wirkung selbst wieder eingeschränkt (BVerfGE 7, 198 [208 f.]).	**120**

121   A. Eröffnung des Schutzbereichs

I. Persönlich: Jedermann

II. Sachlich:

   1. Meinungsfreiheit: Äußern und Verbreiten von Meinungen in Wort, Schrift und Bild (Abs. 1 Var. 1) (Grenze: Schmähkritik, Formalbeleidigungen, erwiesene oder bewusst unwahre Tatsachenbehauptung) oder

   2. Informationsfreiheit: Unterrichtung über freie Information aus allgemein zugänglichen Quellen (Abs. 1 Var. 2)

   3. Pressefreiheit: Gründung und Gestaltung von Presseerzeugnissen (Abs. 1 Var. 3)

   4. Rundfunkfreiheit: alle wesensmäßig mit der Veranstaltung von Rundfunk zusammenhängenden Tätigkeiten, von der medienspezifischen Beschaffung der Informationen und der Produktion bis hin zu ihrer Verbreitung (Abs. 1 Var. 4)

   5. Filmfreiheit: Herstellung und Verbreitung des Films (Abs. 1 Var. 5)

B. Eingriff

C. Verfassungsrechtliche Rechtfertigung

I. Einschränkbarkeit des Grundrechts durch

   1. allgemeine Gesetze

   2. Bestimmungen zum Schutz der Jugend

   3. Recht der persönlichen Ehre

II. Verfassungsmäßige Schranke

Über das oben Gesagte hinaus wird das (Vor-)Zensurverbot nach Art. 5 I 3 GG als spezielle Schranken-Schranke. Beachte bei der Auslegung der Schranke zudem die Wechselwirkungslehre.

III. bei Einzelfalleingriff s.o.

VIII. Kunst- und Wissenschaftsfreiheit

122   Kunst

   Formaler Kunstbegriff ist erfüllt, wenn bei formaler Betrachtung Gattungsanforderungen

	eines bestimmten Werktyps erfüllt sind. *Materieller Kunstbegriff:* Kunst ist Ausdruck freier persönlicher schöpferischer Gestaltung. *Offener Kunstbegriff* (h.M.): Kunst liegt vor, wenn ein Werk interpretationsfähig ist, d.h. sich einer Eindeutigkeit entzieht.	
Werkbereich	Künstlerische Betätigung	**123**
Wirkbereich	Darbietung und Verbreitung	**124**
Wissenschaft	„Tätigkeit, die nach Inhalt und Form als ernsthafter und planmäßiger Versuch zur Ermittlung der Wahrheit anzusehen ist" (BVerfGE 35, 79 [113]).	**125**
Forschung	Geistige Tätigkeiten „mit dem Ziele, in methodischer, systematischer und nachprüfbarer Weise neue Erkenntnisse zu gewinnen" (BVerfGE 35, 79).	**126**
Lehre	Systematisch angelegte Verbreitung wissenschaftlicher Erkenntnisse.	**127**
Freiheit der Lehre	Meint insb. deren Inhalt, den methodischen Ansatz und das Recht auf Äußerung von wissenschaftlichen Lehrmeinungen.	**128**

A. Eröffnung des Schutzbereichs 129

I. Persönlich: Jedermann

II. Sachlich:

1. Kunst (und zwar sowohl der Werkbereich als auch der Wirkbereich)

2. Wissenschaft: Freiheit von Forschung und Lehre in individueller und institutioneller Hinsicht

B. Eingriff s.o.

C. Verfassungsrechtliche Rechtfertigung

I. Einschränkbarkeit des Grundrechts nur über kollidierendes Verfassungsrecht (!)

II./III. Wie oben.

IX. Schutz von Ehe und Familie (Art. 6 I GG)

130	Ehe	Durch freien Entschluss unter staatlicher Mitwirkung begründete, auf Dauer angelegte, gleich berechtigte Lebensgemeinschaft von Mann und Frau, über deren Ausgestaltung beide frei bestimmen können.
131	Familie	Umfassende Gemeinschaft von Eltern und Kindern.

132

A. Eröffnung des Schutzbereichs

   I. Persönlich: Jeder

   II. Sachlich:

      1. Ehe

      2. Familie

B. Eingriff

nur eingreifende Regelungen (= Normen anderer Rechtsgebiete, wenn sie auf Ehe und Familie freiheitsbeschränkend einwirken), nicht definierende Regelungen (= Normen des Ehe- und Familienrechts)

C. Verfassungsrechtliche Rechtfertigung

   I. Einschränkbarkeit des Grundrechts nach Maßstäben des Art. 6 II GG (staatliches Wächteramt), im Übrigen nur kollidierendes Verfassungsrecht

   II./III. Wie oben

X. Elternrecht (Art. 6 I, III GG)

133	Pflege	Sorge für das körperliche Wohl.
134	Erziehung	Sorge für die seelische und geistige Entwicklung, Bildung und Ausbildung.
135	Versagen der Erziehungsberechtigten	*Objektiv nachhaltige*, insbesondere *dauerhafte Nichterfüllung* der Erziehungspflichten
136	Drohende Verwahrlosung	Kindliche Entwicklung bleibt in körperlicher, geistiger oder seelischer Hinsicht derart gravierend hinter einer altersgemäßen Entwicklung zurück, dass eine Trennung von der Familie erforderlich ist, um weitere Beeinträchtigungen des Kindeswohls abzuwenden.

A. Eröffnung des Schutzbereichs **137**

I. Persönlich: Jeder Elternteil

II. Sachlich: Freie Entscheidung über Pflege und Erziehung

B. Eingriff

Beschränkungen des Elternrechts im Verhältnis zum Kind und des Rechts der Eltern untereinander zum Kind

C. Verfassungsrechtliche Rechtfertigung

I. Einschränkbarkeit des Grundrechts nach

1. Art. 6 II 2 GG (Staatliches Wächteramt): nur zum Wohle des Kindes

2. Art. 6 III GG: nur bei Versagen der Eltern (als Erziehungsberechtigten) oder drohender Gefahr der Verwahrlosung

3. im Übrigen kollidierendes Verfassungsrecht

II./III. Wie oben

XI. Versammlungsfreiheit (Art. 8 I GG)

Deutsche	Legaldefinition in Art. 116 I GG.	**138**
Versammlung	Örtliche Zusammenkunft mehrerer (h.M. mind. 2) Personen zur gemeinschaftlichen, auf die Teilhabe an der öffentlichen Meinungsbildung gerichteten Erörterung oder Kundgebung (str., so zumindest der enge Versammlungsbegriff, den mittlerweile auch das BVerfG vertritt; die aA fordert keine Teilhabe an der öffentlichen Meinungsbildung als gemeinsamen Zweck).	**139**
Waffen	Im technischen Sinne des § 1 WaffG und Gegenstände, die objektiv gefährlich sind und zum Zweck der Gewaltanwendung mitgeführt werden.	**140**
Unfriedlich	Versammlungen, die einen gewalttätigen oder aufrührerischen Verlauf nehmen. *Gewalttätig* ist eine Versammlung, wenn aus ihr heraus oder in ihr körperlich auf Personen oder Sachen eingewirkt wird, wobei die	**141**

		Einwirkung von einiger Erheblichkeit sein muss. Ein *aufrührerischer Verlauf* ist gegeben, wenn aktiver körperlicher Widerstand gegen rechtmäßig handelnde Vollstreckungsbeamte geleistet wird.
142	Unter freiem Himmel	Veranstaltungsort weist keine Begrenzung zur Außenwelt auf.
143	Eilversammlung	Geplante Versammlung wird aus aktuellem Anlass kurzfristig einberufen.
144	Spontanversammlung	Versammlung, die ohne Einladung und Vorbereitung, also ungeplant, ausgelöst durch einen akutellen Anlass stattfindet.

145   **A. Eröffnung des Schutzbereichs**

    I. Persönlich: Jeder Deutsche

    II. Sachlich:

        1. Versammlung

        2. Friedlich und ohne Waffen

        (3. an einem öffentlichen Ort)

B. Eingriff

C. Verfassungsrechtliche Rechtfertigung

    I. Einschränkbarkeit des Grundrechts

        1. bei Versammlungen in geschlossenen Räumen nur über kollidierendes Verfassungsrecht

        2. bei Versammlungen „unter freiem Himmel" durch oder aufgrund eines formellen Gesetzes. Ggf. gilt Art. 5 II GG für meinungsspezifische Eingriffe.

    II./III. Wie oben.

Als besondere Schranken-Schranke gilt das Verbot einer Anmelde- und Erlaubnispflicht (nach Abs. 1). Anmeldung nach § 14 VersG ist lediglich eine Obliegenheit. Daher verfassungskonforme Anwendung der Vorschrift bei Spontan- und Eilversammlungen.

XII. Vereinigungsfreiheit (Art. 9 I, II GG)

Vereinigung	Freiwilliger, privatrechtlicher (h.M.) Zusammenschluss von Rechtssubjekten für eine längere Zeit zu einem gemeinsamen Zweck, der eine gewisse Organisationsstruktur aufweist (vgl. § 2 I VereinsG).	146
Strafgesetze	Allgemeines Strafrecht, das sich nicht speziell gegen die Vereinigungsfreiheit richtet.	147
Verfassungsmäßige Ordnung	Freiheitliche demokratische Grundordnung (in Abweichung von Art. 2 I GG)!	148
„richten"	Das Merkmal des sich gegen die verfassungsmäßige Ordnung „Richtens" ist nicht schon dann gegeben, wenn die Vereinigung die verfassungsmäßige Ordnung lediglich ablehnt. Sie muss (vgl Art 21 II GG: Parteiverbot) diese verfassungsfeindlichen Ziele auch *„kämpferisch-aggressiv verwirklichen"* wollen.	149
„gegen die Völkerverständigung gerichtet"	Verein verfolgt durch Art 26 I GG verbotene Tätigkeiten oder entfaltet vergleichbar schwerwiegend völkerrechtswidrige Aktivitäten.	150

A. Eröffnung des Schutzbereichs 151

I. Persönlich

1. Individualfreiheitsrecht: Jeder Deutsche

2. Kollektivrecht: Schutz von Vereinigungen selbst (a.A. über Art. 19 III GG); nicht Parteien (s. Art. 21 GG, § 2 II Nr. 2 VereinsG), Religionsgemeinschaften (vgl. Art. 4 I, II, Art. 140 GG iVm 137 II, V, VII WRV)

II. Sachlich: Vereinigung (Gründung, Beitritt, Betätigung, Verbleib, Recht fernzubleiben oder auszutreten, Freiheit des Vereins über Entstehen, Mitglieder, Betätigung zu bestimmen)

B. Eingriff: jede Beeinträchtigung, jedoch nicht Normen die Typen der Vereinigungen festlegen (OHG; AktG) → normgeprägtes Grundrecht

C. Verfassungsrechtliche Rechtfertigung

I. Einschränkbarkeit des Grundrechts

1. im Falle des Vereinsverbots (Art. 9 II GG; nach h.M. Schrankenvorbehalt, nicht Schutzbereichsverengung)

   a) Strafgesetze,

   b) die verfassungsmäßige Ordnung oder

   c) der Gedanke der Völkerverständigung

2. in sonstigen Fällen: verfassungsimmanente Schranken

II./III. wie oben.

Die Einzelfallmaßnahme muss sich im Rahmen der qualifizierten Schranken bewegen:

Die Anordnung eines Vereinigungsverbots sieht § 3 I VereinsG vor. Nach I. 1. a) ist dann erforderlich, dass Zwecke verfolgt oder Tätigkeiten ausgeübt werden, welche den Strafgesetzen zuwiderlaufen.

Nach I. 1. b) und c) muss sich die Vereinstätigkeit gegen die verfassungsmäßige Ordnung bzw. den Gedanken der Völkerverständigung „richten".

XIII. Koalitionsfreiheit (Art. 9 III GG)

152 Koalition	*Vereinigung* (s. Vorauss. des Art. 9 I GG)
	Zweckbestimmung: Wahrung und Förderung der Arbeits- und Wirtschaftsbedingungen;
	Gegnerunabhängigkeit: finanzielle und organisatorische Unabhängigkeit von der Gegnerseite; i.d.R. überbetriebliche Organisation und Betätigung erforderlich;
	Durchsetzungswille: subjektiv aus der Satzung zu entnehmende Eigenschaft
	Tariffähigkeit (str.):
	a) Soziale Mächtigkeit: Durchsetzungsfähige Organisation, hinreichende Mitgliederzahl, grds. Arbeitskampfwilligkeit;
	b) Tarifwilligkeit: keine satzungsmäßige Beschränkung der Verhandlungsmacht sowie Verhandlungs- und Abschlussbereitschaft;
	c) Demokratische Legitimation: Legitimation durch verbandrechtliche Mitbestimmung der Mitglieder.

A. Eröffnung des Schutzbereichs 153

I. Persönlich: Arbeitgeber und Arbeitnehmer, Vereinigungen gem. Art. 19 III GG

II. Sachlich: Koalition (Erhaltung und Sicherung der Koalition – wie bei Art. 9 I GG; spezifisch koalitionsmäßige Betätigung: Tarifautonomie, Streiks, Aussperrungen; negative Koalitionsfreiheit)

B. Eingriff: Jeder staatliche oder private (= Fall der unmittelbaren Drittwirkung!) Eingriff

C. Verfassungsrechtliche Rechtfertigung

I. Einschränkbarkeit des Grundrechts durch

  1. Art. 9 II GG (-) (h.M.);

  2. kollidierendes Verfassungsrecht, insb.

    a) Grundrechte Dritter

    b) hergebrachte Grundsätze des Berufsbeamtentums (Art. 33 V GG), insb. Streikverbot;

    c) kirchliches Selbstbestimmungsrecht (Art. 4 I, II GG, Art. 140 GG iVm Art. 137 III WRV)

    d) Bekämpfung der Massenarbeitslosigkeit (BVerfGE 100, 271 [284])

II./III. Wie oben. Als Schranken-Schranke ist Art. 9 III 3 GG zubeachten (keine Notstandsmaßnahmen).

XIV. Brief-, Post- und Fernmeldegeheimnis

| Briefgeheimnis | Schützt den brieflichen Verkehr gegen den Kenntnis nehmenden Zugriff der öffentlichen Gewalt auf den Inhalt des Briefes (BVerfGE 67, 157 [171]). Als *Brief* ist jede *verkörperte Sendung von Informationen* zu qualifizieren, die durch Schrift oder andere Zeichen fixiert wurden, an einen bestimmten Empfänger gerichtet sind und die ohne Kenntnisnahme Dritter, also vertraulich und unter Ausschluss der Öffentlichkeit befördert werden sollen. | 154 |

| **155** Postgeheimnis | gewährleistet die Vertrautlichkeit aller durch Einrichtungen der Post abzuwickelnden Transport- und Kommunikationsvorgänge, insb. den Inhalt von Briefen, Paketen und Warensendungen. |
| **156** Fernmeldegeheimnis | schützt die körperliche Übermittlung von Informationen an individuelle Empfänger mit Hilfe der Telekommunikationstechnik vor einer Kenntnisnahme durch die öffentliche Gewalt. |

157   **A. Eröffnung des Schutzbereichs**

   I. Persönlich: Jeder Deutsche

   II. Sachlich: Briefgeheimnis, Postgeheimnis und Fernmeldegeheimnis

   B. Eingriff

   Staatsorgane verschaffen sich Kenntnis von den über Art. 10 I GG geschützten Informationen ohne Zustimmung der Kommunikationsteilnehmer, zB Aufzeichnung, Speicherung und Verwertung kommunikativer Daten durch die öffentliche Gewalt

   C. Verfassungsrechtliche Rechtfertigung

   I. Einschränkbarkeit des Grundrechts

      1. durch einfachen Gesetzesvorbehalt nach Art. 10 II 1 GG

      2. durch qualifizierten Gesetzesvorbehalt nach Art. 10 II 2 GG (Folgen: Möglichkeit, dass dem Betroffenen Überwachungs- und Abhörmaßnahmen nicht mitgeteilt werden; Beschränkung des Rechtswegs)

   II./III. Im Übrigen wie oben

XV. Freizügigkeitsrecht (Art. 11 GG)

| **158** Freizügigkeit | Recht, an jedem Ort innerhalb des Bundesgebietes Aufenthalt und Wohnsitz zu nehmen (nicht bloße Fortbewegung → Art. 2 I GG); auch Wiedereinreise ins Bundesgebiet, nicht jedoch Ausreise. |
| **159** Wohnsitz | Ständige Niederlassung an einem Ort mit dem Willen, nicht nur vorübergehend zu bleiben, |

	sondern den Ort zum Mittelpunkt des Lebens zu machen.	
Ausreichende Lebensgrundlage	fehlt einem Grundrechtsträger, wenn er seinen Lebensmindestbedarf nicht aus eigener Kraft befriedigen kann (BVerfGE 110, 177 [192]).	160
Drohende Gefahr	Auszulegen wie im Polizeirecht: (Hypothetische) Sachverhalte, die bei ungehindertem Ablauf des Geschehens in absehbarer Zeit mit hinreichender Wahrscheinlichkeit zu einem Schaden für die öffentliche Sicherheit und Ordnung führen würden.	161
Bestand (des Bundes oder eines Landes)	Umfasst die „elementarsten rechtlichen und sozialen Gegebenheiten", insbesondere die Bevölkerung, die territoriale Integrität und die nach außen wie auch nach innen gerichtete Handlungsfähigkeit des Bundes sowie der einzelnen Bundesländer.[2]	162
Freiheitlich demokratische Grundordnung	Kernsubstanz der Verfassung, mithin eine Ordnung, die unter Ausschluss jeglicher Gewalt- und Willkürherrschaft eine rechtsstaatliche Herrschaftsordnung auf der Grundlage der Selbstbestimmung des Volkes nach dem Willen der jeweiligen Mehrheit und der Freiheit und der Gleichheit darstellt (BVerfGE 2, 1 [12 f.]).	163
Seuchengefahr	besteht bei schweren übertragbaren Krankheiten für Menschen und Tiere.	164
Naturkatastrophe	Besteht bei erheblichen Schäden für Menschen oder in einem größeren Gebiet, sofern sie durch natürliche Ereignisse hervorgerufen wurden.	165
Verwahrlosung	Nachhaltige Gefährdung des Wohls von Kindern und Jugendlichen in körperlicher, psychischer oder geistiger Hinsicht.	166

A. Eröffnung des Schutzbereichs 167

I. Persönlich: Jeder Deutsche

II. Sachlich: Freizügigkeit

---

[2] Vgl. hierzu *Maunz/Dürig*, GG-Kommentar, 74. Aufl. 2015, Art. 11 Rn. 138.

B. Eingriff

Behinderung oder Beeinträchtigung des freien Ziehens

C. Verfassungsrechtliche Rechtfertigung

I. Einschränkbarkeit des Grundrechts

  1. durch qualifizierten Gesetzesvorbehalt nach Art. 11 II GG

    a) Versorgungsvorbehalt: Ausreichende Lebensgrundlage ist nicht vorhanden und Allgemeinheit entstehen daraus besondere Lasten

    b) Notstandsvorbehalt: Abwehr einer drohenden Gefahr für den Bestand oder die freiheitliche demokratische Grundordnung des Bundes oder eines Landes

    c) Katastrophenvorhehalt: Beschränkungen zur Bekämpfung von Seuchengefahren, Naturkatastrophen und besonders schweren Unglücksfällen

    d) Schutz der Jugend von Verwahrlosung

    e) Zur Vorbeugung strafbarer Handlungen

  2. durch kollidierendes Verfassungsrecht, insb. nach Art. 17a II GG; 119 GG

II./III. Im Übrigen wie oben.

XVI. Berufsfreiheit (Art. 12 I GG)

168	Beruf	jede nicht grds. gemeinschaftsschädliche (str.) auf Dauer angelegte Tätigkeit zur Schaffung und Erhaltung einer Lebensgrundlage (hM).
169	Arbeitsplatz	Stelle, an der eine berufliche Tätigkeit ausgeübt wird.
170	Ausbildungsstätte	Jede private oder öffentliche Einrichtung, die Kenntnisse und Fertigkeiten für bestimmte Berufe oder Berufsgruppen vermitteln und über das Angebot allgemeiner Bildung hinausgehen.
171	Berufsausübungsregel	Gesetzgeber bestimmt die Art und Weise der Berufstätigkeit. Bereits zulässig, wenn sie auf Grund vernünftiger Allgemeinwohlerwägungen zweckmäßig erscheinen.

Subjektive Berufs- wahlregelungen	Gesetzgeber stellt auf persönliche Eigenschaften und Fähigkeiten ab (zB Abschlüsse, Leistungen). Zulässig, wenn es um den Schutz eines besonders wichtigen Gemeinschaftsguts geht.	172
Objektive Berufswahl- regelungen	Beschränkungen der Berufswahlfreiheit anhand von objektiven Kriterien, die nicht in der Person des Betroffenen liegen und auf die er keinen Einfluss hat; zulässig nur zur Abwendung einer nachweislichen oder höchstwahrscheinlichen Gefahr für ein überragend wichtiges Gemeinschaftsgut.	173
Berufsregelnde Tendenz	Eine Regelung hat dann berufsregelnde Tendenz, wenn sie „nach Entstehungsgeschichte und Inhalt im Schwerpunkt Tätigkeiten betreffen, die typischerweise beruflich ausgeübt werden" (BVerfGE 97, 228 [254]).	174

A. Eröffnung des Schutzbereichs   175

I. Persönlich: Jeder Deutsche

II. Sachlich: Wahl und Ausübung des Berufs (einschließlich des Arbeitsplatzes und der Ausbildungsstätte)

B. Eingriff (mit berufsregelnder Tendenz; h.M.)

wird unterteilt in Berufsausübungsregelungen („wie"), subjektive und objektive Berufszulassungsschranken („ob")

C. Verfassungsrechtliche Rechtfertigung

I. Einschränkbarkeit des Grundrechts

1. durch einfachen Regelungsvorbehalt nach Art. 12 I 2 GG (gilt über den Wortlaut hinaus auch für Berufswahlregelungen)

2. durch Art. 33 GG für den öffentlichen Dienst

II./III. Im Übrigen wie oben. Beachte hier, dass die Verhältnismäßigkeitsprüfung durch die Drei-Stufen-Theorie konkretisiert wird. Es wird danach differenziert, ob eine Berufsausübungsregel, eine subjektive Berufswahlregel oder eine objektive Berufswahlregel vorliegt.

XVII. Wohnungsgrundrecht (Art. 13 GG)

176 Wohnung	Raum, den der Einzelne der allgemeinen Zugänglichkeit entzieht und zum Mittelpunkt seines Lebens und (auch beruflichen; str.) Wirkens bestimmt.
177 Durchsuchung	Das „ziel- und zweckgerichtete Suchen staatlicher Organen nach Personen oder Sachen oder zur Ermittlung eines Sachverhaltes, um etwas aufzuspüren, was der Inhaber der Wohnung von sich aus nicht offenlegen oder herausgeben will" (BVerfGE 78, 83 [89]).

178

A. Eröffnung des Schutzbereichs

I. Persönlich: Jeder

II. Sachlich: Wohnung

B. Eingriff

Durchsuchungen, Lauschangriffe, sonstige Eingriffe

C. Verfassungsrechtliche Rechtfertigung

I. Einschränkbarkeit des Grundrechts

   1. im Falle von Durchsuchungen nach Art. 13 II GG

   2. im Falle von Lauschangriffen nach Art. 13 III GG zum Zwecke der Strafverfolgung, nach Art. 13 IV, V GG zum Zwecke der Gefahrenabwehr

   3. im Falle sonstiger Eingriffe nach Art. 13 VII GG

II./III. Im Übrigen wie oben

XVIII. Eigentum (Art. 14 I GG)

179 Eigentum	alle vermögenswerten Rechte, die dem Berechtigten von der Rechtsordnung in der Weise zugeordnet sind, dass dieser die damit verbundenen Befugnisse nach eigenverantwortlicher Entscheidung zu seinem privaten Nutzen ausüben darf.
180 Enteignung	Teilweiser oder vollständiger Entzug *konkret-individueller* vermögenswerter Rechtspositionen durch gezielten hoheitlichen Rechtsakt

| Inhalts- und Schran-kenbestimmung | zur Erfüllung öffentlicher Aufgaben (Ablösung der Sonderopfer- und Schweretheorie). Verkürzung einer bestehenden Eigentumsposition durch *abstrakt-generelle* Festlegung von neuen Rechten und Pflichten des Eigentümers. | **181** |

A. Eröffnung des Schutzbereichs   **182**

  I. Persönlich: Jeder

  II. Sachlich: Eigentum

B. Eingriff

Enteignung oder Inhalts- und Schrankenbestimmungen

C. Verfassungsrechtliche Rechtfertigung

  I. Einschränkbarkeit des Grundrechts

    1. durch Inhalts- und Schrankenbestimmungen nach Art. 14 I 2 GG

    2. durch Enteignung nach Art. 14 III GG

  II./III. Im Übrigen wie oben

XIX. Schutz vor Ausbürgerung (Art. 16 I GG)

| Verkürzung der Rechtsstellung als deutscher Staatsangehöriger | liegt vor, wenn ihm alle oder auch nur die wesentlichen Rechte genommen werden, die nach einfachem Recht mit der Staatsangehörigkeit verbunden sind. | **183** |
| Entziehung | liegt vor, wenn dem Betroffenen die Staatsangehörigkeit gegen seinen Willen genommen wird und die Verlustzufügung *ausgrenzenden, also diskriminierenden Charakter* hat. | **184** |

A. Eröffnung des Schutzbereichs   **185**

  I. Persönlich: Deutscher Staatsangehöriger

  II. Sachlich: Rechtsposition der deutschen Staatsangehörigkeit

B. Eingriff

jede *Verkürzung* einer bestehenden Rechtsstellung als deutscher Staatsangehöriger, insb. Entziehung der Staatsangehörigkeit

C. Verfassungsrechtliche Rechtfertigung

I. Einschränkbarkeit des Grundrechts

1. Vorbehaltlosigkeit des Verbots der Entziehung der Staatsangehörigkeit

2. Gesetzesvorbehalt des Verlusts der Staatsangehörigkeit

II./III. Wie oben. Nach Art. 16 I 2 GG darf der Betroffene jedoch nicht staatenlos werden.

XX. Auslieferungsverbot (Art. 16 II GG)

186	Auslieferung	Entfernung eines Deutschen aus dem Hoheitsgebiet der BRD, verbunden mit der Überführung in den Bereich einer Macht auf deren Ersuchen (auch internationaler Gerichtshof).
187	Durchlieferung	Ausländer wird aus einem anderen Staat in einen dritten Staat ausgeliefert und im Zuge der Auslieferung wird der Hoheitsbereich eines weiteren Staates berührt.
188	Ausweisung	Gebot an einen Deutschen, die BRD egal wohin zu verlassen (ohne Ersuchen eines anderen Staates).
189	Rücklieferung	Auslieferung eines Deutschen ins Ausland, nachdem dieser zuvor nur vorläufg auf Grund einer Rückführungszusage aus dem Ausland in die BRD verbracht worden ist.

190   **A. Eröffnung des Schutzbereichs**

I. Persönlich: Jeder Deutsche

II. Sachlich: Schutz gegen seinen Willen aus der ihm vertrauten Rechtsordnung entfernt zu werden

B. Eingriff

Auslieferung, Durchlieferung, Ausweisung, Rücklieferung (str.)

C. Verfassungsrechtliche Rechtfertigung

I. Einschränkbarkeit des Grundrechts nach Art. 16 II 2 GG

II./III. Wie oben.

XXI. Asylrecht (Art. 16a GG)

Politische Verfolgung	Politisch verfolgt ist, wer wegen seiner Rasse, Religion, Nationalität, Zugehörigkeit zu einer sozialen Gruppe oder wegen seiner politischen Überzeugung Verfolgungsmaßnahmen mit Gefahr für Leib oder Leben oder Beschränken seiner persönlichen Freiheit ausgesetzt ist oder solche Verfolgungsmaßnahmen begründet befürchtet (BVerwGE 67, 184 [186]).	**191**
Verfolgung	Beeinträchtigung von Rechtsgütern, die den Betroffenen in eine ausweglose Lage bringt.	**192**
Verfolgungsgefahr	Wenn dem Asylsuchenden politische Verfolgung mit überwiegender Wahrscheinlichkeit droht, sodass ihm der Aufenthalt in seinem Heimatstaat nicht zumutbar ist.	**193**
Inländische Fluchtalternative	Wenn der Betroffene nicht überall in seinem Heimatland schutzlos ist, sondern in verfolgungsfreie Landesteile (zumutbar) ausweichen kann.	**194**

A. Eröffnung des Schutzbereichs   **195**

  I. Persönlich: Jeder selbst durch den Heimatstaat politisch Verfolgte; nicht: wer aus einem anderen EU-Mitgliedstaat einreist (Art. 16a II 1 GG)

  II. Sachlich: Recht auf Asyl

B. Eingriff

Alle aufenthaltsverweigernden und -beendenden Maßnahmen

C. Verfassungsrechtliche Rechtfertigung

  I. Einschränkbarkeit des Grundrechts

    1. qualifizierte Gesetzesvorbehalte: Art. 16a II 2, III 1 GG

    2. Beschränkungen des gerichtlichen Rechtsschutzes: Art. 16a II 2, IV GG

    3. Vorbehalt völkerrechtlicher Verträge: Art. 16a V GG

    4. Verwirkung gem. Art. 18 GG

  II./III. wie oben.

XXII. Petitionsrecht (Art. 17 GG)

196	Bitten	Auf ein künftiges Verhalten gerichet und enthalten das Begehren eines künftigen Tuns oder Unterlassens.
197	Beschwerden	Auf ein vergangenes Verhalten gerichtet und enthalten das Begehren eines künftigen Tuns oder Unterlassens.

198

A. Eröffnung des Schutzbereichs

I. Persönlich: Jeder

II. Sachlich: Recht, sich mit Bitten oder Beschwerden schriftlich an die zuständigen Stellen und an die Volksvertretung zu wenden

B. Eingriff

C. Verfassungsrechtliche Rechtfertigung

I. Einschränkbarkeit des Grundrechts

1. Art. 17a I GG

2. Im Übrigen über kollidierendes Verfassungsrecht

II./III. Wie oben.

B. Gleichheitsgrundrechte

I. Allgemeiner Gleichheitsgrundsatz (Art. 3 I GG)

199

0. Vorprüfung: Kein spezielles Gleichheitsrecht einschlägig (bspw. Art. 3 II, III GG, Art. 6 V GG, Art. 33 I GG, Art. 38 I GG)

A. Rechtlich relevante Ungleichbehandlung

I. Wesentliche Gleichheit zweier Fallgestaltungen (gemeinsamer Oberbegriff – tertium comparationis)

II. Ungleichbehandlung

B. Verfassungsrechtliche Rechtfertigung

I. bei Ungleichbehandlungen geringerer Intensität: Willkürverbot, d.h. ausreichend ist jeder sachliche Grund

II. bei Eingriffen höherer Intensität (personenbezogene Ungleichbehandlungen oder sachliche Ungleichbehandlungen, die Ge-
brauch grundrechtlich geschützter Freiheit erschweren): neue
Formel, d.h. Verhältnismäßigkeitsprüfung

II. Art. 3 II GG

Abstammung	Natürliche biologische Beziehung eines Menschen zu seinen Vorfahren nach den Regeln des Familienrechts.	**200**
Rasse	Menschengruppe, die – zumindest vermeintlich – nach biologischen, vererbbaren Kriterien definiert werden kann.	**201**
Heimat	Emotional besetzte geografische Herkunft.	**202**
Herkunft	Geburtsmäßige Zugehörigkeit zu einer sozialen Schicht bzw. die sozial-standesmäßige Verwurzelung.	**203**
Glaube	Religiöse und weltanschauliche Ansichten.	**204**
Behinderung	Nicht nur vorübergehende Beeinträchtigung der körperlichen, geistigen und seelischen Funktionen.	**205**

III. Art. 33 II GG

Öffentliches Amt	Alle beruflichen und nebenamtlichen Funktionen staatlicher Organisation.	**206**
Befähigung	Der Tätigkeit zugute kommenden Fähigkeiten wie Begabung und Allgemeinwissen, Vor- und Ausbildung, Wissen und Erfahrung.	**207**
Fachliche Leistung	Fachwissen und fachliches Können (BVerfGE 110, 304 [322])	**208**
Eignung	Alle sonstigen geistigen, körperlichen, psychischen, charakterlichen Eigenschaften, die für ein spezifisches Amt von Bedeutung sind.	**209**

C. Grundrechtsgleiche Rechte

I. Rechtsschutzgarantie (Art. 19 IV GG)

210 Rechtsverletzung	Jeder rechtswidrige Eingriff in ein Recht.
211 Der Rechtsweg steht offen,	wenn Zugang zu einem Gericht, Verfahren vor einem Gericht und eine (effektive) Entscheidung durch ein Gericht gewährleistet wird.

212 **A. Eröffnung des Schutzbereichs**

    I. Persönlich: Jeder

    II. Sachlich: Eröffnung des Rechtswegs gegen Rechtsverletzungen der öffentlichen Gewalt (Exekutive, Legislative, nicht aber Judikative)

B. Eingriff

    Jede unangemessene, nicht gebotene Erschwerung des Zugangs zu bzw. des Verfahrens vor den Gerichten, nicht aber Ausgestaltung des Rechtswegs

C. Verfassungsrechtliche Rechtfertigung

    I. Einschränkbarkeit des Grundrechts nur über kollidierendes Verfassungsrecht; praktisch kaum ein Fall denkbar.

    II./III. wie oben

II. Recht auf den gesetzlichen Richter (Art. 101 I 2 GG)

213 Richter	Hauptberufliche und ehrenamtliche Richter (Schöffen).
214 Gesetzlicher Richter	Durch formelles oder materielles Gesetz bestimmter Richter.

215 **A. Eröffnung des Schutzbereichs**

    I. Persönlich: Jeder, insb. auch alle juristischen Personen (auch des öffentlichen Rechts)

    II. Sachlich: Gesetzlicher Richter

B. Eingriff: Staatliche Maßnahmen, die nicht Elemente der Ausgestaltung des Rechtswegs sind

C. Verfassungsrechtliche Rechtfertigung

I. Einschränkbarkeit des Grundrechts nur über kollidierendes Verfassungsrecht; praktisch kaum ein Fall denkbar.

II./III. wie oben.

D. Grundrechtsverwirkung

Missbrauch zum Kampf	Fortgesetzte, aktiv-aggressive staatsfeindliche politische Betätigung, die die Beseitigung oder Beeinträchtigung der freiheitlich-demokratischen Grundordnung in der Bundesrepublik Deutschland zum Ziel hat.	**216**
Freiheitlich-demokratische Grundordnung	Prinzip, das unter Ausschluss jeglicher Gewalt- und Willkürherrschaft eine rechtsstaatliche Herrschaftsordnung auf der Grundlage der Selbstbestimmung des Volkes nach dem Willen der jeweiligen Mehrheit und der Freiheit und Gleichheit darstellt.	**217**

A. Zulässigkeit eines Verfahrens nach Art. 18 I 2 GG 218

I. Antragsberechtigung (§ 36 BVerfGG)

II. Antragsgegenstand: Feststellung der Verwirkung eines Grundrechtes wegen möglichen Missbrauchs zum Kampf gegen die freiheitliche demokratische Grundordnung.

III. Antragsgegner: Natürliche Personen und nach Maßgabe des Art. 19 III GG juristische Personen, soweit sie Träger des zu verwirkenden Grundrechts sind.

IV. Vorverfahren (§ 37 BVerfGG)

V. Form (§ 23 I BVerfGG)

B. Begründetheit

I. Verwirkungsfähige Grundrechte

II. Missbrauch „zum Kampf gegen die freiheitlich demokratische Grundordnung" (vgl. Art. 21 II GG)

C. Entscheidung

Dritter Abschnitt: Verfassungsprozessrecht

A. Abstrakte Normenkontrolle

A. Zulässigkeit   **219**

    I. Antragsberechtigung (Art. 93 I Nr. 2 GG, § 76 I BVerfGG): Bundesregierung, Landesregierung, 1/3 der Bundestagsmitglieder; Sonderfall: Art. 93 I Nr. 2a GG, § 76 II BVerfGG (Bundesrat, Landesregierung, Landesparlamente).

    II. Prüfungsgegenstand (§ 76 I BVerfGG)

        1. (Formelles und materielles) Bundes- und Landesrecht, einschließlich des vorkonstitutionellen Rechts; d.h. Verfassungsnormen, Parlamentsgesetze, Rechtsverordnungen, Satzungen; Sonderfall: Art. 93 I Nr. 2a GG, § 76 II BVerfGG (nur „formelles Bundesgesetz")

        2. Existente Norm: bereits verkündet (nicht unbedingt: in Kraft getreten), noch nicht außer Kraft getreten.

    III. Antragsgrund (§ 76 I BVerfGG)

        1. Für Nichtig halten des Gesetzes (Nr. 1); bloße Zweifel genügen (str.).

        2. Für Gültig halten des Gesetzes (Nr. 2)

    IV. Objektives Klarstellungsinteresse

    Grds. durch III. indiziert; mögliche Ausnahme: vorhergehende verfassungsgerichtliche Entscheidung.

    V. Form (§ 23 I 1, 2 Hs. 1 BVerfGG)

B. Begründetheit

    I. Verfahren nach Art. 93 I Nr. 2 GG

        1. Prüfungsgegenstand: Verfassungsänderndes Gesetz

           a) Formelle Verfassungsmäßigkeit (Art. 79 I, II GG)

           b) Materielle Verfassungsmäßigkeit (Art. 79 III GG)

2. Prüfungsgegenstand: Formelles (Bundes-)Gesetz

   a) Formelle Verfassungsmäßigkeit

      aa) Gesetzgebungskompetenz (Art. 71 ff. GG)

      bb) Ordnungsgemäße Durchführung des Gesetzgebungsverfahrens (s. unter Rn. 17 ff.)

   b) Materielle Verfassungsmäßigkeit

3. Prüfungsgegenstand: Materielles (Bundes-) Gesetz

   a) Ordnungsgemäße Delegation gem. Art. 80 I 1, 2 GG

   b) Rechtmäßigkeit der Rechtsverordnung

4. Prüfungsgegenstand: Landesrecht

   a) Formelle Rechtsmäßigkeit (nur Gesetzgebungskompetenz! Gesetzgebungsverfahren richtet sich nach Landesrecht und wird vom BVerfG nicht geprüft)

   b) Materielle Rechtmäßigkeit,

      aa) Vereinbarkeit mit Bundesrecht (Art. 31 GG)

      bb) Vereinbarkeit mit GG

II. Sonderfall: Verfahren nach Art. 93 I Nr. 2a GG – Prüfung beschränkt sich auf Vereinbarkeit des Gesetzes mit Art. 72 II GG.

C. Entscheidungsmöglichkeiten

  I. Grundsatz: Nichtigerklärung (§ 78 BVerfGG)

  II. Ausnahme: „Unvereinbarerklärung"

    1. Gesetzgeberischer Gestaltungsspielraum

    2. „Gleichheitswidriger Begünstigungsausschluss"

    3. Nichtigerklärung würde Verfassungswidrigkeit noch verstärken

B. Konkrete Normenkontrolle

A. Zulässigkeit **220**

I. Vorlageberechtigung (Art. 100 I 1 Alt. 2, I 2 GG): Staatliche Gerichte jeder Instanz

II. Vorlagegegenstand (Art. 100 I 1 Alt. 2, I 2 GG):

1. (Bundes- oder Landes-)Gesetze, die dem Verwerfungsmonopol des BVerfG unterliegen (also nur formelle, nachkonstitutionelle Gesetze) und

2. im konkreten Fall Entscheidungserheblichkeit erlangen

III. Überzeugung des vorlegenden Gerichts von Verfassungswidrigkeit des Prüfungsgegenstandes (Art. 100 I 1 Alt. 2, I 2 GG)

IV. Rechtsschutzbedürfnis (fehlt etwa bei vorangegangener Entscheidung in der Sache)

V. Form (§§ 23 I 1, 2 Hs. 1, 80 II BVerfGG); kein Fristerfordernis

B. Begründetheit

I. Prüfungsgegenstand: Bundesrecht

1. Formelle Verfassungsmäßigkeit

a) Gesetzgebungskompetenz (Art. 71 ff. GG)

b) Ordnungsgemäße Durchführung des Gesetzgebungsverfahrens

2. Materielle Verfassungsmäßigkeit: Verstoß gegen GG

II. Prüfungsgegenstand: Landesrecht

1. Formelle Verfassungsmäßigkeit: Gesetzgebungskompetenz

2. Materielle Verfassungsmäßigkeit: Verstoß gegen Bundesrecht oder GG

C. Entscheidungsmöglichkeiten

Ggf. Nichtigerklärung, § 82 I iVm § 78 S. 1 BVerfGG.

C. Bund-Länder-Streit

221 **A. Zulässigkeit**

I. Antragsberechtigung (Art. 93 I Nr. 3 GG, § 68 BVerfGG): Bundesregierung und Landesregierung in Prozessstandschaft für Bund bzw. Land; Parlamente (str.)

II. Streitgegenstand (Art. 93 I Nr. 3 GG, §§ 69 iVm 64 I BVerfGG)

   1. Konkrete rechtserhebliche Maßnahme

   2. die Rechte und Pflichten des Bundes bzw. der Länder aus GG betrifft (= Abgrenzung zu Art. 93 I Nr. 4 Alt. 1 GG)

III. Antragsbefugnis (§ 69 iVm § 64 I BVerfGG)

   1. Möglichkeit (d.h. plausible Geltendmachung) der

   2. Verletzung oder unmittelbaren Gefährdung eigener Rechte des Antragstellers aus GG

IV. Allgemeines Rechtsschutzinteresse

V. Evtl. Vorverfahren: In Fällen der Bundesaufsicht (vgl. Art. 84 IV 1, 2 GG; § 70 BVerfGG).

VI. Form (§ 23 I 1, 2 Hs. 1, §§ 69 iVm § 64 II BVerfGG)

VII. Frist

   1. bei Vorverfahren: 1 Monat ab Beschlussfassung (§ 70 BVerfGG)

   2. ohne Vorverfahren: 6 Monate ab Bekanntwerden (§§ 69, 64 III BVerfGG)

B. Begründetheit

I. Rechtswidrigkeit der Maßnahme oder Unterlassung und

II. Rechtsverletzung des Antragstellers (= kontradiktorisches Verfahren)

C. Entscheidungsmöglichkeiten

I. Feststellung des Verstoßes (§§ 69, 67 S. 1 BVerfGG)

II. Ggf. Aufhebung des Beschlusses nach Art. 84 IV 1 GG

D. Organstreitverfahren

Fraktionen	Zusammenschlüsse von Abgeordneten des **222** Bundestages, die grds. der gleichen Partei oder jedenfalls gleichgerichteter Parteien angehören müssen, wobei eine Mindeststörke von 5% verlangt wird (vgl. § 10 I 1 GOBT).

A. Zulässigkeit   223

  I. Parteifähigkeit der Beteiligten (Art. 93 I Nr. 1 GG, § 63 BVerfGG)

     1. Oberste Bundesorgane (Art. 93 I Nr. 1 GG, § 63 BVerf-GG), d.h. insb. Bundespräsident, Bundestag, Bundesrat, Bundesregierung.

     2. in GG oder GO BT bzw. GO BReg mit eigenen Rechten ausgestattete Teile dieser Organe (§ 63 BVerfGG), d.h. insb. Bundeskanzler, Bundesminister, Bundestags- und Bundesratspräsident, Bundestag- und Bundesratausschüsse, Fraktionen und Gruppen.

     3. „andere Beteiligte" iSd Art. 93 I Nr. 1 GG: Insb. Abgeordnete, Parteien (nach h.M. nur, soweit sie um Rechte kämpfen, die sich aus ihrem besonderen verfassungsrechtlichen Status (Art. 21 GG) ergeben).

  II. Streitgegenstand (§ 64 I BVerfGG)

     1. Konkrete rechtserhebliche Maßnahme

     2. die Rechte und Pflichten des Antragstellers aus GG betrifft

  III. Antragsbefugnis (§ 64 I BVerfGG)

     1. Möglichkeit (plausible Geltendmachung) der

     2. Verletzung oder unmittelbaren Gefährdung <u>eigener</u> (organschaftlicher) Rechte des Antragstellers (bzw. bei Organteil: des Organs = Fall der gesetzlichen Prozessstandschaft) aus GG

       a) Recht des Antragstellers selbst (§ 64 I Alt. 1 BVerfGG) oder

    b) Recht des Organs, dem der Antragsteller angehört (§ 64 I Alt. 2 BVerfGG), im Fall der Prozessstandschaft

 IV. Passive Prozessführungsbefugnis

    Im Streit stehen müssen eigene Maßnahmen der Antragsgegner (keine passive Prozessstandschaft)

  V. Allgemeines Rechtsschutzinteresse (regelmäßig durch Antragsbefugnis indiziert)

 VI. Form (§ 23 I 1, 2 Hs. 1, § 64 II BVerfGG)

VII. Frist

    1. § 64 III BVerfGG: 6 Monate (Berechnung nach §§ 221 ff. ZPO, § 187 BGB)

    2. Insb. Unterlassung: entscheidend ist Zeitpunkt der erkennbaren und eindeutigen Weigerung der Vornahme der Maßnahme (BVerfGE 103, 164 [170 f.])

B. Begründetheit

  I. Verfassungswidrigkeit der Maßnahme oder Unterlassung

 II. Verletzung der Rechte des Antragstellers (oder des Organs, für das er prozessstandschaftlich auftritt)

C. Entscheidungsmöglichkeiten

Nach § 67 BVerfGG enthält die Entscheidung die Feststellung, ob die beanstandete Maßnahme oder Unterlassung des Antragsgegners gegen eine Bestimmung des Grundgesetzes verstößt.

E. Verfassungsbeschwerde nach Art. 93 I Nr. 4a GG, § 90 I BVerfGG

224	Grundrechtsfähigkeit	Fähigkeit, überhaupt Träger von Grundrechten zu sein.
225	Prozessfähigkeit	Fähigkeit, einen Rechtsstreit führen zu können.
226	Öffentliche Gewalt iSv Art. 93 I Nr. 4a GG	Exekutive, Legislative, Judikative.

Selbst	Wenn eigenes Recht betroffen ist.	**227**
Unmittelbar	Wenn keine weiteren Zwischenakte (Verwaltungsakt, Realakt, Urteil etc.) erforderlich sind.	**228**
Gegenwärtig	Nicht bei zukünftigen Eingriffen.	**229**
Rechtsweg	Weg gerichtlicher Nachprüfung des Hoheitsakts und der Erhebung möglicher Rechtsmittel.	**230**
Grundsatz der Subsidiarität	Erfordert, dass über die Rechtswegerschöpfung hinaus alle prozessualen Möglichkeiten (vor den Fachgerichten) ergriffen werden, um eine Korrektur der geltend gemachten Verfassungsverletzung zu erwirken oder eine Grundrechtsverletzung zu verhindern (BVerfGE 68, 384 [388 f.]).	**231**

A. Zulässigkeit   232

I. Beschwerdefähigkeit (Art. 93 I Nr. 4a GG, § 90 I GG): „Jedermann" → Grundrechtsfähigkeit

II. Prozessfähigkeit (vgl. § 62 VwGO)[3]

III. Beschwerdegegenstand (Art. 93 I Nr. 4a GG, § 90 I BVerfGG): Sämtliche Maßnahmen der öffentlichen Gewalt.

IV. Beschwerdebefugnis (Art. 93 I Nr. 4a GG, § 90 I BVerfGG): Möglichkeit einer Grundrechtsverletzung oder der Verletzung grundrechtsgleicher Rechte.

    1. Möglichkeit einer Grundrechtsverletzung

    2. Selbst, unmittelbar und gegenwärtig

V. Erschöpfung des Rechtswegs (§ 90 II 1 BVerfGG)

    (bei Rechtssatzverfassungsbeschwerde: Möglichkeit der prinzipalen Normenkontrolle i.S.v. § 47 VwGO vor den Fachgerichten?)

---

[3] Laut BVerfG sind die Regeln des allgemeinen Prozessrechts (§§ 51 ff. ZPO, § 62 VwGO) nur insoweit entsprechend heranzuziehen, als der Verfassungsprozess nichts Abweichendes verlangt (BVerfGE 1, 87 [88]). Bei Minderjährigen richtet sich die Prozessfähigkeit im Verfassungsbeschwerdeverfahren danach, ob die Rechtsordnung ihnen im Ausgangsverfahren die Möglichkeit zu verfahrensrechtlich relevanten Handlungen einräumt (BVerfGE 1, 87 ff.).

    VI. Grundsatz der Subsidiarität der Rechtssatzverfassungsbe-
schwerde (§ 90 II 2 BVerfGG analog) (Möglichkeit der In-
zident-Kontrolle?)

   VII. Rechtsschutzbedürfnis

  VIII. Form (§§ 23 I, 92 BVerfGG)

    IX. Frist (§ 93 BVerfGG): Monatsfrist; Jahresfrist bei Gesetzen

B. Begründetheit

Die Rechtssatzverfassungsbeschwerde ist begründet, wenn der
Beschwerdeführer durch das Gesetz in einem seiner Grundrechte oder grundrechtsgleichen Rechte verletzt ist.

Die Urteilsverfassungsbeschwerde ist begründet, wenn der Beschwerdeführer durch das Urteil in *verfassungsspezifischer Weise* in einem seiner Grundrechte oder grundrechtsgleichen Rechte
verletzt ist. Prüfungsmaßstab ist nicht das einfache Recht
(Stichwort: Das BVerfG ist keine Superrevisionsinstanz).

F. Erlass einer einstweiligen Anordnung (§ 32 BVerfGG)

233   **A. Zulässigkeit**

     I. Statthaftigkeit des Antrags: für jedes Hauptsacheverfahren

    II. Antragsberechtigung: bei jedem, der im Hauptsacheverfah-
ren antragsberechtigt ist

   III. Keine evidente Unzulässigkeit des Hauptsacheverfahrens,
insb. Verfristung

   IV. Keine Vorwegnahme des Hauptsacheverfahrens

Ausnahme nur, wenn die Entscheidung in der Hauptsache
zu spät kommt und der Antragsteller nicht in anderer Weise
ausreichenden Rechtsschutz erlangen kann und dadurch ein
nicht wieder gut zu machender, schwerwiegender Schaden
für den Antragsteller entsteht.

    V. Rechtsschutzbedürfnis

   VI. Form (§ 23 BVerfGG) und Frist (-)

B. Begründetheit

Abwägung der Folgen, die eintreten würden, wenn die einstweilige Anordnung nicht erginge, das Hauptsacheverfahren aber Erfolg hätte, gegenüber den Nachteilen, die entstünden, wenn die einstweilige Anordnung erlassen würde, sich das Hauptsacheverfahren aber als unbegründet erweisen würde.

C. Entscheidung

Vierter Abschnitt: Allgemeines Verwaltungsrecht

A. Anwendbarkeit des VwVfG

I. **Öffentlich-rechtliche Verwaltungstätigkeit**   234
(Abgrenzung zu: privater Tätigkeit)

II. Im Falle des BVwVfG: **der Bundesbehörden;** im Falle des LVwVfG: **der Landesbehörden**

III. **das auf Erlass eines Verwaltungsakts oder Abschluss eines Verwaltungsvertrags zielt** (vgl. § 9 VwVfG)[4]

IV. sofern **keine Ausnahme** nach § 2 VwVfG vorliegt und

V. im Einzelfall **keine speziellere** inhaltsgleiche oder abweichende Regelung besteht **(= Subsidiaritätsprinzip)** – Beispiel: § 28 I VwVfG – § 74 II–V BauO NRW.

B. Verwaltungsakt

I. Begriff des VA

Verwaltungsakt	Legaldefinition in § 35 S. 1 VwVfG	235
Behörde	Jede Stelle, die Aufgaben der öffentlichen Verwaltung wahrnimmt (§ 1 II VwVfG NRW/ BW/ Bay; § 1 IV BVwVfG)	236
Regelung	Maßnahme der Behörde ist darauf gerichtet, eine *verbindliche Rechtsfolge* zu setzen	237
Realakt	Maßnahme der Behörde, die auf einen *tatsächlichen Erfolg* gerichtet ist.	238
Einzelfall	Konkret-individuelle Maßnahme; vgl. hierzu auch die Erweiterung in § 35 S. 2 VwVfG (= Allgemeinverfügung)	239
Außenwirkung	Regelung ist auf Setzung einer Rechtsfolge nach außen gerichtet.	240

---

[4] Diese Beschränkung gilt nicht für § 3 VwVfG (vgl. Stelkens/Bonk/Sachs-*Schmitz*, VwVfG, § 3 Rn. 2).

241   **I. Hoheitliche Maßnahme**

     II. durch Behörde

     III. zur Regelung (Abgrenzung: Realakt)

     IV. eines Einzelfalls (Abgrenzung: Rechtsnorm)

     V. auf dem Gebiet des öffentlichen Rechts

     VI. mit Außenwirkung

II. Wirksamkeit des VA

242	Bekanntgabe	Notwendiger Zugang eines Verwaltungsaktes an den Adressaten, damit dieser wirksam werden kann.
243	Genehmigungsfiktion	Eine beantragte Genehmigung gilt nach Ablauf einer für die Entscheidung festgelegten Frist als erteilt (Genehmigungsfiktion), wenn dies durch Rechtsvorschrift angeordnet und der Antrag hinreichend bestimmt ist (§ 42a I 1 VwVfG)

244   Wichtig insb. bei nachfolgenden Vollstreckungsmaßnahmen!

     I. Wirksamwerden des VA

     1. Bekanntgabe (§ 43 I VwVfG) oder

     2. Genehmigungsfiktion (§ 42a VwVfG)

     II. Keine Aufhebung (§§ 48 ff. VwVfG, § 113 I VwGO) oder Erledigung

     III. Keine Nichtigkeit

     1. Sonderfall nach § 44 II VwVfG

     2. Auffangtatbestand des § 44 I VwVfG

     3. Rückausnahmen des § 44 III VwVfG

III. Rechtmäßigkeit eines Verwaltungsakts

245	Verwaltungsakts-befugnis	Ermächtigung, in der Form des Verwaltungsakts zu handeln.

Ermächtigungs-grundlage	Rechtsnorm, die der Verwaltung Eingriffe in Grundrechte erlaubt.	**246**
Örtliche Zuständigkeit	Festlegung, in wessen räumlichen Einflussbe-reich eine vorzunehmende Handlung fällt.	**247**
Sachliche Zuständigkeit	Zuweisung einer konkreten Sachaufgabe an eine bestimmte Behörde.	**248**
Unbestimmter Rechtsbegriff	Begriff, dessen objektiver Sinn sich nicht sofort erschließt.	**249**
Entschließungs-ermessen	Entscheidungsfreiheit der Behörde, *ob* sie tätig wird (zB § 15 I VersG).	**250**
Auswahlermessen	Entscheidungsfreiheit der Behörde, *wie* sie tätig wird (zB § 8 I PolG NRW; § 11 I Bay PAG; § 3 PolG BW).	**251**
Ermessens-nichtgebrauch	Behörde übt das bestehende Ermessen nicht aus, weil sie es nicht erkennt oder sich ge-bunden fühlt.	**252**
Ermessens-überschreitung	Behörde trifft eine Rechtsfolge, die nicht mehr im gesetzlichen Ermessensspielraum liegt.	**253**
Ermessens-fehlgebrauch	Behörde orientiert ihre Ermessenserwägungen nicht an dem Sinn und Zweck des Ermessens, nämlich der Herstellung von Einzelfallgerech-tigkeit	**254**

0. Vorprüfung: Verwaltungsaktsbefugnis   255

(nur thematisieren, wenn problematisch; Bsp. Vollstreckung einer vertraglich begründeten Verpflichtung)

A. (Wirksame) Ermächtigungsgrundlage

jede Rechtsnorm (Gesetz, RVO, Satzung); aber Wirksamkeit (-) bei Verstoß gg. höherrangiges Recht; Beachtung des Parla-mentsvorbehalts

B. Formelle Rechtmäßigkeit

  I. Zuständigkeit

    1. örtliche Zuständigkeit (§ 3 I VwVfG)

    2. sachliche Zuständigkeit (fachgesetzliche Bestimmung)

  II. Verfahren, insb.

    1. Antrag des Begünstigten (wenn Leistung begehrt wird)

    2. Mitwirkung einer anderen Behörde (bspw. § 36 BauGB)

3. Sachverhaltsaufklärung (§ 24 BVwVfG/LVwVfG)

4. Beteiligungsfehler (§§ 20, 21 BVwVfG/LVwVfG)

5. Anhörung (§ 28 I VwVfG)

   a) Erforderlichkeit der Anhörung: Erlass eines VA,
       der in die Recht eines Beteiligten (§ 13 BVwVfG/
       LVwVfG) eingreift

   b) Entbehrlichkeit nach Abs. 2

   Regelmäßig zu prüfen ist nur die Frage der Anhörung. Die anderen
   Punkte bedürfen nur der Erwähnung in Abhängigkeit von der ge-
   setzlichen Regelung oder bei entsprechenden Anhaltspunkten im
   SV.

III. Form: grds. formlos (§ 37 II 1 VwVfG); Wahl der Schriftform
     begründet Verpflichtung nach §§ 37 III 1, 39 I VwVfG.

C. Materielle Rechtmäßigkeit

   I. Tatbestand: Auslegung und Subsumtion der Ermächti-
       gungsgrundlage (beachten Sie insb. „unbestimmte Rechtsbe-
       griffe")

   II. Ggf.: Richtiger Adressat

   III. Ggf.: Bestimmtheit

   IV. Ggf.: Nicht rechtlich oder tatsächlich Unmögliches

D. Rechtsfolge

   I. Gebundene Entscheidung → Prüfung der Verhältnismäßig-
       keit (str.)

   II. Entschließungs- und/oder Auswahlermessen → Überprüfung
       auf Ermessensfehler (§ 40 VwVfG, § 114 S. 1 VwGO);
       dies sind Ermessensnichtgebrauch, Ermessensüberschrei-
       tung, Ermessensfehlgebrauch

IV. Fehlerfolgen

256   **0. Vorprüfung: Verwaltungsaktsbefugnis**

Verstoß: Grds. Rechtswidrigkeit (RW); Nichtigkeit nach § 44 I
VwVfG NRW praktisch kaum denkbar!

I. (Wirksame) Ermächtigungsgrundlage

   Verstoß: Grds. RW; Nichtigkeit nach § 44 I VwVfG
   NRW praktisch kaum denkbar!

II. Formelle Rechtmäßigkeit

1. Zuständigkeit

    a) örtliche Zuständigkeit (§ 3 I VwVfG)

    Verstoß: grds. RW; Nichtigkeit im Falle des § 44 II Nr. 3 iVm § 3 I Nr. 1 VwVfG NRW. *Im Falle der RW* Unbeachtlichkeit nach § 46 VwVfG NRW.

    b) sachliche Zuständigkeit (fachgesetzliche Bestimmung)

    Verstoß: grds. RW; Nichtigkeit nach § 44 I VwVfG NRW in seltenen Fällen.

2. Verfahren, insb.

    a) Antrag des Begünstigten (wenn Leistung begehrt wird)

    b) Mitwirkung einer anderen Behörde

    c) Beteiligungsfehler (§§ 20, 21 VwVfG)

    Verstoß: regelmäßig keine Nichtigkeit nach § 44 III Nr. 2 VwVfG; ggf. unbeachtlich nach § 46 VwVfG NRW

    d) Anhörung (§ 28 I VwVfG)

    Verstoß: grds. RW; Nichtigkeit nach § 44 I VwVfG NRW praktisch kaum denkbar! *Möglichkeit* der Heilung der RW nach § 45 I Nr. 3, II VwVfG NRW; andernfalls Unbeachtlichkeit nach § 46 VwVfG.

3. Form (§§ 37 II 1, 37 III 1, 39 I VwVfG)

    Verstoß: grds. RW; Nichtigkeit im Falle des § 44 II Nr. 1, 2 VwVfG. Im Hinblick auf Begründungspflicht *Möglichkeit* der Heilung der RW nach § 45 I Nr. 2 VwVfG.

III. Materielle Rechtmäßigkeit

Verstoß: grds. RW; Nichtigkeit im (seltenen) Falle des § 44 I VwVfG bzw. in den seltenen Fällen des § 44 II Nr. 4–6 VwVfG.

IV. Rechtsfolge

Verstoß: grds. RW; Nichtigkeit im (seltenen) Falle des § 44 I VwVfG.

V. Zusicherung

| 257 | Zusage | bindende Selbstverpflichtung der Behörde zu einem künftigen Handeln oder Unterlassen |
| 258 | Zusicherung | Zusage auf Erlass eines inhaltlich hinreichend bestimmten künftigen Verwaltungsakts (§ 38 I 1 VwVfG). |

259   A. Ermächtigungsgrundlage

B. Formelle Rechtmäßigkeit

   I. Zuständigkeit

   II. Verfahren

     1. Anhörung (§ 38 I 2, II, § 28 BVwVfG/LVwVfG)

     2. Mitwirkung anderer Behörden (§ 38 I 2, II BVwVfG/ LVwVfG)

   III. Form: Schriftform (§ 38 I 1 BVwVfG/LVwVfG)

C. Materielle Rechtmäßigkeit

   I. Bestimmtheit der Zusicherung (§ 37 I BVwVfG/LVwVfG)

   II. Rechtmäßigkeit des zugesicherten VA

D. Rechtsfolge: Ordnungsgemäße Ermessensausübung

VI. Rücknahme eines Verwaltungsakts

260	Begünstigender Verwaltungsakt	Verwaltungsakt, der ein Recht oder einen rechtlich erheblichen Vorteil begründet oder bestätigt hat (§ 48 I 2 BVwVfG/LVwVfG).
261	Geldleistung	Leistungen mit eindeutig bestimmtem Geldwert, die beim Adressaten einen Vermögenszuwachs bewirken.
262	Sachleistung	Leistungen körperlicher Art mit ähnlichen Wirkungen
263	Arglist	ist gegeben, wenn eine (auch bedingt) vorsätzliche Irreführung darauf gerichtet ist, auf den Erklärungswillen der Behörden einzuwirken.
264	Täuschung	liegt bereits vor, wenn der Begünstigte „unrichtige Tatsachen" vorspiegelt und dabei weiß, dass der zu Täuschende auf diese für

	ihn bestimmten und maßgeblichen Angaben zurückgreifen will.	
Drohung	liegt vor, wenn dem Adressaten der Drohung ein künftiges Übel in Aussicht gestellt wird, auf das der Drohende Einfluss zu haben vorgibt, um psychischen Zwang auf ihn auszuüben.	**265**
Erwirken iSd Nr. 1	Zweck- und zielgerichtetes Handeln, das auf eine bestimmte (Rechts-)Folge gerichtet und für diese kausal (str.) ist.	**266**
„in wesentlicher Beziehung"	Wesentlichkeit liegt für die Angaben vor, die für die gesetzlichen Tatbestandsmerkmale und die gebotenen Ermessenserwägungen von Bedeutung sind.	**267**
Erwirken iSd Nr. 2	Unrichtigkeit und Unvollständigkeit der Angaben muss für den Erlass/die Fehlerhaftigkeit des VA (str.) kausal sein und die Ursache für die fehlerhafte Angabe muss in der Sphäre des Begünstigten liegen.	**268**

A. Ermächtigungsgrundlage: § 48 BVwVfG/LVwVfG (sofern **269** keine Spezialregelung; bspw. § 15 I GastG, § 35 StAG)

B. Formelle Rechtmäßigkeit

   I. Zuständigkeit

     1. Örtlich: § 48 V iVm § 3 BVwVfG/LVwVfG

     2. Sachlich: Actus contrarius-Theorie (→ für Erlass zuständige Behörde ist auch für Aufhebung zuständig (so BVerwG, NJW 2000, 1512 (1513);

       Ausnahme: abweichende gesetzliche Regelung; vgl. § 15 III BVFG)

   II. Verfahren (Anhörung gem. § 28 I BVwVfG/LVwVfG bei Rücknahme begünstigender VA)

   III. Form (vgl. insb. § 39 I BVwVfG/LVwVfG)

C. Materielle Rechtmäßigkeit

   I. Rechtswidriger VA

     1. VA-Qualität: Realakt (-), Verwaltungsvertrag (-), Zusicherung nach § 38 LVwVfG/BVwVfG (+) (vgl. Abs. 2;

s. auch Abs. 3!); Nebenbestimmung (+) (auch nur „teilweise" Rücknahme möglich)

2. Rechtswidrigkeit (oder Nichtigkeit [str.]): Beurteilung zum Zeitpunkt des VA-Erlasses (s. § 49 II Nr. 3, 4 LVwVfG/BVwVfG;

Ausnahme bei VA mit Dauerwirkung? → Mann/Sennekamp/Uechtritz-Suerbaum, VwVfG, § 48 Rn. 48 ff.)

II. Anwendbarkeit der Abs. 2–4 (Abs. 1 S. 2): Begünstigender VA (*andernfalls*: Rücknehmbarkeit nach § 48 I 1 VwVfG NRW bei belastendem VA) → vgl. hier auch § 50 VwVfG

1. Anwendbarkeit des Abs. 2: Leistungsbescheid zur Gewährung von Geld- oder Sachleistung (andernfalls: Anwendbarkeit des Abs. 3 bei sonstigem VA → (nur) Vermögensschutz)

2. Schutzwürdiges Vertrauen

   a) Tatsächliches Vertrauen

   b) Ausschluss der Schutzwürdigkeit (§ 48 II 3 VwVfG)

      aa) Erwirkung durch arglistige Täuschung, Drohung oder Bestechung

      bb) Erwirkung durch Angaben, die in wesentlicher Beziehung unrichtig oder unvollständig waren

      cc) Kenntnis oder grob fahrlässige Unkenntnis von der Rechtswidrigkeit des Verwaltungsakts

   c) Regelvermutung des § 48 II 2 BVwVfG/LVwVfG

   d) Abwägung gem. § 48 II 1 Hs. 2 BVwVfG/LVwVfG (zwischen Vertrauensschutz/Rechtssicherheit und Grundsatz der Gesetzmäßigkeit der Verwaltung)

3. Frist: Jahresfrist nach Abs. 4 (gilt nach S. 2 nicht für Fälle des Abs. 2 S. 2 Nr. 1)

D. Rechtsfolge: Ermessen

I. Entschließungsermessen

II. Auswahlermessen

1. *Zeitlich: ex tunc* oder *ex nunc* (vgl. auch § 48 II 4 BVwVfG/LVwVfG)

2. *Umfänglich:* ganz oder teilweise

3. Ermessensreduzierung? Insb. Haushaltsgrundsatz der Wirtschaftlichkeit und Sparsamkeit

VII. Widerruf eines Verwaltungsakts

A. Ermächtigungsgrundlage: § 49 BVwVfG/LVwVfG (sofern keine Spezialregelung, zB § 52 BVwVfG/LVwVfG)   **270**

B. Formelle Rechtmäßigkeit

  I. Zuständigkeit

    1. Örtlich: § 49 V iVm § 3 BVwVfG/LVwVfG

    2. Sachlich: Actus contrarius-Theorie (s. oben)

  II. Verfahren (Anhörung gem. § 28 I BVwVfG/LVwVfG bei Widerruf begünstigender VA)

  III. Form (vgl. insb. § 39 I BVwVfG/LVwVfG)

C. Materielle Rechtmäßigkeit

  I. Rechtswidriger oder rechtmäßiger VA

  II. Anwendbarkeit der Abs. 2, 3: Begünstigender VA (andernfalls: Widerrufbarkeit nach § 49 I BVwVfG/LVwVfG bei belastendem VA) → Vgl. hier auch § 50 BVwVfG/ LVwVfG

    1. Widerrufsgrund nach Abs. 2 und 3 (betrifft Subventionsbescheide)

    2. Frist nach § 49 II 2, III 2 iVm § 48 IV BVwVfG/ LVwVfG

D. Rechtsfolge: Ermessen

  I. Entschließungsermessen

  II. Auswahlermessen

    1. Zeitlich: ex tunc (Abs. 2) oder ex nunc (Abs. 3)

    2. Umfänglich: ganz oder teilweise

    3. Ermessensreduzierung? Insb. Haushaltsgrundsatz der Wirtschaftlichkeit und Sparsamkeit

VIII. Rückforderungsbescheid

271 **A. Ermächtigungsgrundlage:** § 49a I 1 BVwVfG/LVwVfG

B. Formelle Rechtmäßigkeit

   I. Zuständigkeit

   II. Verfahren (Anhörung gem. § 28 I BVwVfG/LVwVfG)

   III. Form

      1. Schriftform (§ 49a I 2 BVwVfG/LVwVfG)

      2. Begründung (§ 39 I 1 BVwVfG/LVwVfG)

C. Materielle Rechtmäßigkeit

   I. Aufhebung des VA/Unwirksamwerden aufgrund einer auflösenden Bedingung

   II. Mit Wirkung für die Vergangenheit

D. Erstattungsumfang § 49a II BVwVfG/LVwVfG (→ Rechtsfolgenverweis auf §§ 812 ff. BGB)

   I. „Herausgabe des Erlangten"

      1. Erbrachte Leistung (§ 812 I 1 BGB)

      2. Gezogene Nutzungen (§ 818 I Alt. 1 BGB); insb. Zinsen nach § 49a III BVwVfG/LVwVfG

      3. Surrogate (§ 818 I 2. Alt. BGB)

   II. Entreicherung nach § 818 III BGB? → § 49a II 2 BVwVfG/LVwVfG

IX. Erfolgsaussichten eines Antrags nach § 51 VwVfG

272	Änderung der Sachlage	Sämtliche tatsächliche Vorgänge die eine Änderung des *entscheidungserheblichen* Sachverhalts zur Folge haben. *Entscheidungserheblich* sind solche Tatsachen, die durch Subsumtion unter die einschlägigen Normen die Entscheidung tragen.
273	Rechtslage	Einschlägiges materielles Recht, nicht Rechtsprechung.
274	Beweismittel	Erkenntnismittel, die die Überzeugung von der Existenz oder Nichtexistenz von Tatsa-

	chen begründen können; zB Urkunden, Zeugenaussagen, Sachverständigengutachten, Augenscheinsobjekte.	
Neu	sind Beweismittel, wenn sie zum Zeitpunkt der Entscheidung nicht existent waren, oder aber, wenn sie zwar vor Erlass des Verwaltungsaktes vorhanden waren, aber ohne grobes Verschulden des Antragstellers nicht oder nicht rechtzeitig in der Verwaltungsverfahren eingefracht werden konnten.	**275**

A. Zulässigkeit   **276**

   I. Antragstellung

  II. bei der zuständigen Behörde (§ 51 IV BVwVfG/LVwVfG)

 III. Unanfechtbarkeit des Erstbescheids (VA)

 IV. Schlüssige Geltendmachung eines Wiederaufgreifensgrundes

  V. Fehlen eines groben Verschuldens nach § 51 II BVwVfG/ LVwVfG

 VI. Wahrung der Antragsfrist(§ 51 III BVwVfG/LVwVfG)

B. Begründetheit

   I. Nachträgliche Änderung der Sach- oder Rechtslage zugunsten des Betroffenen (§ 51 I Nr. 1 VwVfG NRW)

  II. Vorliegen neuer den Betroffenen begünstigender Beweismittel (§ 51 I Nr. 2 VwVfG NRW)

 III. Wiederaufnahmegründe entsprechend § 580 ZPO

C. Rechtsfolge: Anspruch auf Wiederaufgreifen des Verfahrens

X. Erlass von Nebenbestimmungen

Befristung	Vergünstigung oder Belastung, die zu einem späteren Zeitpunkt beginnt, endet oder für einen bestimmten Zeitraum gilt (§ 36 II Nr. 1 LVwVfG/BVwVfG)	**277**
Bedingung	Bestimmung, nach der eine Begünstigung oder Belastung bei Eintritt eines zukünftigen noch *ungewissen* Ereignisses beginnt (auf-	**278**

		schiebend) oder endet (auflösend) (§ 36 II Nr. 2 LVwVfG/BVwVfG)
279	Widerrufsvorbehalt	Befugnis der Behörde, durch eine zukünftige Erklärung die Wirksamkeit eines rechtmäßigen VA ganz oder teilweise mit Wirkung für die Zukunft zu beenden, vgl. § 49 II Nr. 1 VwVfG (§ 36 II Nr. 3 LVwVfG/BVwVfG)
280	Auflage	Bestimmung, die zu einem begünstigenden VA hinzutritt und durch die dem Begünstigten ein Tun, Dulden oder Unterlassen vorgeschrieben wird (§ 36 II Nr. 4 LVwVfG/BVwVfG)
281	Auflagenvorbehalt	Befugnis der Behörde, nachträgliche Auflagen zu erlassen (§ 36 II Nr. 5 LVwVfG/BVwVfG)

282   **A. Ermächtigungsgrundlage: § 36 I BVwVfG/LVwVfG**

B. Formelle Rechtmäßigkeit

   I. Zuständigkeit der Behörde, die über den Haupt-VA zu entscheiden hat

   II. Verfahren: Anhörung nach § 28 I BVwVfG/LVwVfG

   III. Form

C. Materielle Rechtmäßigkeit

   I. Differenzierung zwischen gebundenen und Ermessensverwaltungsakten (§ 36 I BVwVfG/LVwVfG)

   1. Gebundene Entscheidungen: Zulässigkeit nach § 36 I BVwVfG/LVwVfG

   2. Ermessensentscheidungen: Zulässigkeit nach § 36 II BVwVfG/LVwVfG

   II. Zweckbezug der Nebenbestimmung (§ 36 III BVwVfG/LVwVfG)

   – Nebenbestimmungen müssen also insoweit *sachgerecht* und *sachbezogen* sein, als sie dem Zweck dienen, der mit der maßgeblichen gesetzlichen Regelung verfolgt wird.

   – Im Rahmen von Ermessensentscheidungen sind Nebenbestimmungen nur zulässig, wenn sie der Verhinderung,

Beseitigung oder Minderung von Nachteilen dienen, die sich sonst aus dem Verwaltungsakt für die Allgemeinheit oder Einzelne ergeben können.

C. Verwaltungsvertrag

I. Wirksamkeit des Verwaltungsvertrags

Verwaltungsvertrag	Vertrag einer Behörde mit einer Privatperson oder einem anderen Verwaltungsträger über einen öffentlich-rechtlichen Gegenstand.	283
Subordinationsrechtlicher Verwaltungsvertrag	Verträge zwischen Parteien, die sonst im Verhältnis der Über-Unterordnung stehen, also insb. zwischen Verwaltung und Bürger. Entgegen dem Wortlaut von § 54 S. 2 LVwVfG/BVwVfG nicht (!) nur Verträge, die anstelle eines VA geschlossen werden.	284
Koordinationsrechtlicher Verwaltungsvertrag	Verträge zwischen grds. gleichgeordneten Vertragspartnern, insb. wenn Rechtsbeziehungen nicht durch VA geregelt werden könnte (arg. e contr. § 54 S. 2 BVwVfG/ LVwVfG)	285
Austauschvertrag	Vertragspartner der Behörde verpflichtet sich zu einer Gegenleistung. Zu beachten sind besondere Voraussetzungen des § 56 BVwVfG/LVwVfG.	286
Vergleichsvertrag	Es besteht eine *Ungewissheit* bzgl. tatsächlicher Umstände und rechtlicher Gesichtspunkte, diese kann nicht ohne *erheblichen Aufwand* beseitigt werden und beide Vertragspartner machen *Zugeständnisse*.	287
Verstoß gegen die guten Sitten	Liegt vor, wenn dem Vertrag aus Sicht aller billig und gerecht Denkenden der „Stempel der Verwerflichkeit" aufgedrückt ist.	288
Qualifizierter Verstoß	Liegt vor, wenn ein Verstoß gegen eine zwingende Rechtsnorm vorliegt, diese Norm die Herbeiführung des vertraglich vereinbarten Erfolgs schlechthin ausschließt und durch den Vertrag öffentliche Belange oder Interessen von einigem Gewicht beeinträchtigt werden (Lit.).	289

290   **A. Verwaltungsvertrag iSd §§ 54 ff. VwVfG**

    I. Einvernehmliche Regelung (↔ mitwirkungsbedürftiger Verwaltungsakt)

    II. auf dem Gebiet des öffentlichen Rechts (↔ privatrechtliche Vereinbarung)

    III. Vorliegen eines Verwaltungsvertrags (vgl. § 9 VwVfG)

B. Zulässigkeit der Handlungsform

    (–) bei speziellen gesetzlichen Verboten oder wenn der Kontext einer Regelung ergibt, dass der Regelungszweck nur durch VA erreicht werden kann.

    Beispiele: § 155 I AO: Steuern werden durch Steuerbescheid festgesetzt (gilt nach h.M. auch für sonstige Abgabenfestsetzungen); § 49a I 2 VwVfG: „ist durch schriftlichen Verwaltungsakt festzusetzen".

C. Formelle Wirksamkeit

    I. Wirksame Einigung: durch Angebot und Annahme gem. § 62 S. 2 BVwVfG/LVwVfG iVm §§ 145 ff. BGB; Anwendbarkeit der §§ 116 ff. BGB (insb. §§ 119 ff. BGB über die Anfechtung von WE); bei Stellvertretung: § 62 S. 1 BVwVfG/LVwVfG iVm §§ 14 ff. VwVfG bzw. ergänzend § 62 S. 2 BVwVfG/LVwVfG iVm §§ 164 ff. BGB

    II. Zuständige Behörde

        1. Sachliche Zuständigkeit (richtet sich nach Fachrecht)

        2. Örtliche Zuständigkeit (§ 3 BVwVfG/LVwVfG)

    III. Zustimmung Dritter oder von Behörden (§ 58 BVwVfG/ LVwVfG)

        1. Notwendige Mitwirkung Dritter (§ 58 I BVwVfG/ LVwVfG), wenn diese durch Vertrag in ihrer Rechtsposition betroffen sind

        2. Zustimmung anderer Behörden (§ 58 II BVwVfG/ LVwVfG)

        3. Schriftform (§ 57 BVwVfG/LVwVfG)

D. Materielle Wirksamkeit

    I. Nichtigkeit nach § 59 II VwVfG

1. Anwendbarkeit: Subordinationsrechtlicher Vertrag (§ 54 S. 2 VwVfG)

2. Tatbestände

   a) Nr. 1: Nichtigkeit eines VA mit entsprechendem Inhalt (vgl. § 44 VwVfG)

   b) Nr. 2: Kenntnis der Parteien von der RW des Vertrages

   c) Nr. 3: Fehlen der Voraussetzungen für den Abschluss eines Vergleichsvertrags (§ 55 VwVfG)

      aa) Voraussetzungen eines subordinationsrechtlichen Vertrags sind gegeben,

      bb) Ungewissheit über den Sachverhalt beziehungsweise die Rechtslage,

      cc) Vertragsschluss beinhaltet ein gegenseitiges Nachgeben,

      dd) Zweckmäßigkeit eines Vergleichsschlusses ist gegeben

   d) Nr. 4: Versprechen einer unzulässigen Gegenleistung beim Austauschvertrag (§ 56 VwVfG)

      aa) bestimmter Zweck (Abs. 1 S. 1)

      bb) Erfüllung öffentlicher Aufgaben (Abs. 1 S. 1)

      cc) Angemessenheit (Abs. 1 S. 2)

      dd) Koppelungsverbot (Abs. 1 S. 2): sachlicher Zusammenhang zwischen Leistung und Gegenleistung

      ee) Zulässigkeit bei Anspruch auf Leistung der Behörde (Abs. 2)

2. Nichtigkeit nach § 59 I VwVfG, insb.

   a) § 138 BGB „Verstoß gegen die guten Sitten"

   b) § 134 BGB: Verstoß gegen Verbotsnorm (nach h.M. nur in Fällen „qualifizierter Rechtsverletzung")

II. Durchsetzbarkeit des Anspruchs

291 **A. Wirksamkeit des Verwaltungsvertrags** (vgl. Rn. 290)

B. Anspruch untergegangen?

    I. Wegfall der Geschäftsgrundlage (§ 60 VwVfG)

    II. Rechtsvernichtende Einwendungen (§ 62 S. 2 VwVfG iVm BGB)

C. Anspruch durchsetzbar: Rechtshemmende Einreden (§ 62 S 2 VwVfG iVm BGB)

D. Verwaltungsvollstreckung

I. Gestrecktes Verfahren

292	Festsetzung	Anordnung der Vollzugsbehörde, dass das Zwangsmittel nun angewendet werden soll.
293	Ersatzvornahme	Vornahme einer geschuldeten Handlung anstelle des Handlungspflichtigen auf dessen Kosten.
294	Zwangsgeld	Mittel zur zwangsweisen gerichtlichen oder behördlichen Durchsetzung von Verhaltenspflichten, die der Verpflichtete selbst erfüllen kann.
295	Zwangshaft	Subsidiär zur Verhängung eines Zwangsgeldes anwendbar.

296 **A. Ermächtigungsgrundlage**[5]

B. Formelle Rechtmäßigkeit

    I. Zuständigkeit: Zuständige Vollstreckungsbehörde ist die Behörde, die Grund-VA erlassen hat.[6]

---

[5] Richtet sich nach dem jeweiligen Landesrecht. Für NRW § 50 I PolG/§ 55 I; für Bayern Art. 53 I PAG/Art. 29 I; für Baden-Württemberg § 49 I PolG iVm § 18 VwVG (jeweils iVm der jeweils einschlägigen Ermächtigungsgrundlage der Grundverfügung).

[6] Richtet sich nach dem jeweiligen Landesrecht. Für NRW § 56 I VwVG (gilt mangels speziellerer Regelung im PolG auch für Polizei); für Baden-Württemberg § 4 I VwVG iVm § 49 I PolG (für unmittelbaren Zwang §§ 51, 49 II PolG); für Bayern Art. 30 I VwZVG.

II. Verfahren

  1. Androhung des Zwangsmittels[7] (selbständiger VA, der bereits mit Grundverfügung verbunden werden kann)

    – grds. schriftlich[8]

    – grds. mit Fristsetzung[9]

    – in Ausnahmefällen entbehrlich[10]

  2. Ggf. Festsetzung[11]

  3. Anhörung grds. entbehrlich gem. § 28 II Nr. 5 BVwVfG/ LVwVfG

  4. Begründung gem. § 39 I BVwVfG/LVwVfG

C. Materielle Rechtmäßigkeit

I. Vollstreckbare Grundverfügung

  1. Wirksame Grundverfügung

  2. Vollstreckbarkeit

    a) VA mit Verfügungscharakter (auf ein Tun, Dulden oder Unterlassen gerichtet)

    b) Unanfechtbarkeit (→ §§ 70, 74 VwGO evtl. iVm § 58 II VwGO) oder sofortige Vollziehbarkeit des VA (→ § 80 II 1 (i.d.R. Nr. 2) VwGO)[12]; nach h.M. kein Rechtmäßigkeitserfordernis (umstr. im Fall der sofortigen Vollziehbarkeit)

II. Nichtbefolgung der Verfügung

III. Verantwortlichkeit des Adressaten

---

[7] Richtet sich nach dem jeweiligen Landesrecht. Für NRW § 56 PolG/§ 63 VwVfG; für Baden-Württemberg §§ 20 VwVG, 49 I PolG (für unmittelbaren Zwang §§ 52 II, 49 II PolG); für Bayern Art. 59 PAG/Art. 36 VwZVG.

[8] Richtet sich nach dem jeweiligen Landesrecht. Für NRW § 56 I 1 PolG; für Baden-Württemberg §§ 20 I 1 VwVG, 49 I PolG; für Bayern Art. 59 I 1 PAG.

[9] Richtet sich nach dem jeweiligen Landesrecht. Für NRW § 56 I 2 PolG; für Baden-Württemberg §§ 20 I 2 VwVG, 49 I PolG; für Bayern Art. 59 I 2 PAG.

[10] Richtet sich nach dem jeweiligen Landesrecht. Für NRW § 56 I 3 PolG; für Baden-Württemberg § 21 VwVG, 49 I PolG; für Bayern Art. 59 I 3 PAG.

[11] Richtet sich nach dem jeweiligen Landesrecht. Für NRW § 64 VwVG, keine Festsetzung nach PolG; für Baden-Württemberg und Bayern keine Festsetzung.

[12] Richtet sich nach dem jeweiligen Landesrecht. Für NRW § 50 I Alt. 1, 2 PolG; für Baden-Württemberg §§ 2 Nr.1, 2 VwVG, 49 I PolG; für Bayern Art. 53 I Alt. 1, 2 PAG

D. Fehlerfreie Ermessensausübung (§ 40 BVwVfG/LVwVfG)

  I. Entschließungsermessen

  II. Störerauswahlermessen

  III. Gestaltungsermessen

    1. Richtiges Zwangsmittel: Ersatzvornahme bei vertretbaren Handlungen; Zwangsgeld bei unvertretbaren Handlungen; unmittelbarer Zwang nur ultima ratio

    2. Verhältnismäßigkeit

II. Sofortvollzug

297 **A. Ermächtigungsgrundlage**[13]

B. Formelle Rechtmäßigkeit

  I. Zuständigkeit: Zuständige Vollstreckungsbehörde ist die Behörde, die Grund-VA erlassen dürfte.[14]

  II. Verfahren

    1. Anhörung entbehrlich (§ 28 II Nr. 5 BVwVfG/LVwVfG; ebenso Androhung des Zwangsmittels[15]

    2. Festsetzung des Zwangsmittels: entbehrlich[16]

B. Materielle Rechtmäßigkeit

  I. Fehlen einer tatsächlichen Grundverfügung

  II. Handeln innerhalb der Befugnisse: Rechtmäßigkeit des hypothetischen Grundverwaltungsaktes

    1. Ermächtigungsgrundlage

---

[13] Richtet sich nach dem jeweiligen Landesrecht. Für NRW 50 II PolG/ § 55 II VwVG; für Baden-Württemberg §§ 8 I VwVG, 49 I PolG; für Bayern Art. 53 II PAG (jeweils iVm der jeweils einschlägigen Ermächtigungsgrundlage der Grundverfügung).

[14] Richtet sich nach dem jeweiligen Landesrecht. Für NRW § 56 I VwVG (gilt mangels speziellerer Regelung im PolG auch für Polizei); für Baden-Württemberg §§ 4 I VwVG, 49 I PolG; für Bayern Art. 30 I VwZVG.

[15] Richtet sich nach Landesrecht. Für NRW § 56 I 3 PolG/§ 63 I 5 VwVG; für Baden-Württemberg §§ 21 VwVG, 49 I PolG; für Bayern Art. 59 I 3 PAG.

[16] S. bspw. § 64 S. 2 VwVG NRW.

2. Formelle Rechtmäßigkeit: Praktisch reduziert auf die
   Zuständigkeit

3. Materielle Rechtmäßigkeit

III. Gegenwärtige Gefahr: Gefahr hat sich bereits realisiert oder
   ihre Realisierung steht unmittelbar bevor: Betonung des
   Zeitmoments. Entscheidend ist, dass eine Vollstreckung im
   gestreckten Verfahren nicht gleich effektiv oder unmöglich
   wäre.

IV. Erforderlichkeit des Zwangs zur Abwehr dieser Gefahr

**D. Rechtsfolge: Fehlerfreie Ermessensausübung
(§ 40 BVwVfG/ LVwVfG)**

Tlw. ist nach Polizeirecht daneben die sog. unmittelbare Ausführung vorgesehen; vgl. hierzu unter Rn. 344 ff.

III. Kostenbescheid im Vollstreckungsverfahren

A. Ermächtigungsgrundlage[17]   298

B. Formelle Rechtmäßigkeit

I. Zuständigkeit: Vollzugsbehörde[18]

II. Verfahren: Anhörung (§ 28 I VwVfG)

III. Form: richtet sich nach Landesrecht[19]

C. Materielle Rechtmäßigkeit: Rechtmäßigkeit des Vollzugs

I. Ermächtigungsgrundlage für den Vollzug

II. Formelle Rechtmäßigkeit des Vollzugs (vgl. oben)

III. Materielle Rechtmäßigkeit des Vollzugs

---

[17] Richtet sich nach Landesrecht. Für NRW § 77 VwVG iVm §§ 15, 20 VO VwVG/§ 46 III bzw. § 52 I 2 PolG iVm § 77 VwVG, §§ 15, 20 VO VwVG; für Baden-Württemberg § 31 VwVG/§ 8 II bzw. § 49 I PolG iVm § 31 VwVG iVm § 8 I Nr. 8 LVwVGKO; für Bayern Art. 41 I I VwZVG iVm Art. 1 I 1 BayKG/Art. 9 II bzw. Art. 55 I 2 bzw. Art. 58 III 1 PAG.
[18] Für NRW § 20 II VO VwVG; für Baden-Württemberg § 31 VI VwVG iVm § 4 I GebG; für Bayern Art. 1 I 1 BayKG.
[19] Für NRW schriftlich oder schriftlich bestätigt nach § 77 IV 1 VwVG iVm § 14 I 2 GebG; für BW und Bayern kein Formerfordernis.

    1. Vollstreckbare Grundverfügung

       a) Wirksame Grundverfügung (vgl. oben)

       b) Vollstreckbarkeit

       c) Rechtmäßige Grundverfügung (str.)

    2. Nichtbefolgung der Verfügung

    3. Verantwortlichkeit des Adressaten

    4. Fehlerfreie Ermessensausübung (§ 40 BVwVfG/ LVwVfG im Hinblick auf Vollstreckung)

  IV. Rechtmäßigkeit des Leistungsbescheids im Übrigen

    1. Kostenhöhe

    2. Bestätigung/Nichtbestätigung des Gefahrenverdachts

Daneben bestehen noch besondere Kostenansprüche aus Polizeirecht (Nichtstörerinanspruchnahme).

E. Staatshaftungsrecht

I. Amtshaftungsanspruch

299	Beliehene	Personen des Privatrechts, die einzelne hoheitliche Aufgaben zur Wahrnehmung im eigenen Namen übertragen bekommen haben.
300	Verwaltungshelfer	Unselbstständig handelnde Person des Privatrechts, die nach Auftrag und Weisung handelt.
301	Amtspflicht	persönliche Verhaltenspflichten der Beamten in Bezug auf ihre Amtsführung

302 **A. Anspruchsgrundlage: § 839 BGB iVm Art. 34 GG**

B. Tatbestandsvoraussetzungen

  I. Handeln in Ausübung eines öffentlichen Amtes

    1. Hoheitliches (= öffentlich-rechtliches) Handeln (↔ privatrechtliches Handeln)

    2. Handlungssubjekt: „Jemand", d.h. Beamter im statusrechtlichen Sinn; Angestellte und Arbeiter des öffentli-

chen Dienstes; Ratsmitglieder, Minister, Parlamentsab-
geordnete; Beliehene; Verwaltungshelfer; Privater Werk-
und Dienstunternehmer (str.)

3. „In Ausübung": innerer und äußerer Zusammenhang
   zwischen Verletzungshandlung und dem Dienst des
   Amtswalters ⇒ nicht nur bei Gelegenheit

II. Drittbezogene Amtspflichtverletzung

1. Amtspflichtverletzung: Unterlassen der notwendigen
   Sicherungsmaßnahmen

2. Drittbezogenheit: Schutz von Individual- oder nur All-
   gemeininteressen

   a) persönlich: Gehört der Geschädigte zum geschützten
      Personenkreis?

   b) sachlich: Soll die Amtspflicht gerade diesen Schaden
      schützen?

III. Verschulden des Amtswalters: Maßstab ist pflichtgetreuer
     Durchschnittsbeamter

IV. Zurechenbarer Schaden: Adäquanz

V. Kein Haftungsausschluss

1. Subsidiaritätsklausel (§ 839 I 2 BGB)

2. Rechtsmittelversäumnis (§ 839 III BGB)

3. Mitverschulden (§ 254 BGB)

4. Sonderfall Rechtsprechung: Richterspruchprivileg
   (§ 839 II BGB)

VI. Kein Haftungsausschluss

C. Rechtsfolge

I. Folge: Art und Umsatz des Schadensersatzes

   Nach §§ 249 ff. BGB nur Geldersatz, § 253 II auch
   Schmerzensgeld.

II. Haftender Hoheitsträger: Maßgeblichkeit des Hoheitsträ-
    gers, der dem Amtswalter die zu erfüllende Aufgabe anver-
    traut hat, d.h. ihm die Möglichkeit der Einwirkung auf das

geschädigte Rechtsgut eröffnet hat (sog. Anvertrauenstheorie, h.M.)

II. Ansprüche aus Eigentum

1. Enteignungsentschädigung

303	Enteignung	Teilweiser oder vollständiger Entzug *konkret-individueller* vermögenswerter Rechtspositionen durch gezielten hoheitlichen Rechtsakt zur Erfüllung öffentlicher Aufgaben (Ablösung der Sonderopfer- und Schweretheorie).

304 **A. Anspruchsgrundlage: Art. 14 III GG**

B. Tatbestandsvoraussetzungen

    I. Einfach-gesetzliche Entschädigungsregel (Art. 14 III 2 GG)

    II. Rechtmäßige Enteignung

C. Rechtsfolge

2. Enteignungsgleicher Eingriff

305	Eigentum	alle vermögenswerten Rechte, die dem Berechtigten von der Rechtsordnung in der Weise zugeordnet sind, dass dieser die damit verbundenen Befugnisse nach eigenverantwortlicher Entscheidung zu seinem privaten Nutzen ausüben darf
306	Unmittelbarkeit	In dem Schaden hat sich eine für die hoheitliche Betätigung typische Gefahr konkretisiert (= wertende Zurechnung, BGHZ 125, 19 [21]).

307 **A. Anspruchsgrundlage**

B. Tatbestandsvoraussetzungen

    I. Hoheitliches Handeln: Jede öffentlich-rechtliche Beeinträchtigung des Eigentums, die auf einem positiven Tun beruht (Rspr.).

    II. Beeinträchtigung des Eigentums

    III. Unmittelbarkeit

    IV. Gemeinwohlbezug (str.)

V. Rechtswidrigkeit

VI. Sonderopfer (liegt in der Rechtswidrigkeit)

VII. Ausschlussgründe

   1. Mitverschulden (vgl. § 254 BGB)

   2. Verjährung (analog § 195 iVm § 199 I BGB; § 199 IV BGB)

C. Rechtsfolge

3. Enteignender Eingriff

Sonderopfer	Für den Betroffenen wird die Zumutbarkeits-grenze (Opfergrenze) überschritten, d.h. Eingriff und seine unmittelbaren Folgen wiegen derart schwer, dass eine entschädigungslose Hinnahme unzumutbar ist.

A. Anspruchsgrundlage   **308**

B. Tatbestandsvoraussetzungen

I. Hoheitliches Handeln: Jede öffentlich-rechtliche Beeinträchtigung des Eigentums, die auf einem positiven Tun beruht (Rspr.).

II. Beeinträchtigung des Eigentums

III. Unmittelbarkeit

IV. Rechtmäßigkeit

V. Sonderopfer

VI. Ausschlussgründe

C. Rechtsfolge

III. Entschädigungspflichtige Inhalts- und Schrankenbestimmung

Inhalts- und Schran-kenbestimmung:	jede (gesetzliche) Beeinträchtigung des Ei-gentums, die nicht Enteignung ist.	**309**

A. Anspruchsgrundlage: Art. 14 I 2 GG   **310**

B. Tatbestandsvoraussetzungen

  I. Rechtmäßige Inhalts- und Schrankenbestimmung

  II. Besondere Einzelfallbelastung

C. Rechtsfolge

IV. Aufopferung

311 **A. Anspruchsgrundlage: Gewohnheitsrecht** (vgl. auch Art. 74, 75 PreußALR)

B. Tatbestandsvoraussetzungen

  I. Öffentlich-rechtliches Handeln

  II. Eingriff in ein immaterielles Recht (Leben, Gesundheit, persönliche Freiheit ($\rightarrow$ Art. 2 II GG); nicht andere immaterielle Rechte)

  III. Unmittelbarkeit: in Eingriff konkretisiert sich eine für die hoheitliche Betätigung typische Gefahr

  IV. Gemeinwohlbezug des Eingriffs

  V. Sonderopfer: unübliche und wegen ihrer Schwere unzumutbare Belastung (im Vergleich zu den Belastungen der übrigen Bürger)

  VI. Vermögensschaden

  VII. Ausschlussgründe

    1. Mitverschulden (§ 254 BGB)

    2. Verjährung: analog § 195 iVm § 199 I BGB nach der regelmäßigen dreijährigen Frist, absolute Verjährung analog § 199 IV BGB 10 Jahre; § 199 II, III BGB nicht entsprechend anwendbar, da nur Entschädigungs-, kein Schadensersatzanspruch.

C. Rechtsfolge

V. Folgenbeseitigungsanspruch

312 **A. Anspruchsgrundlage:** § 1004 BGB analog, Art. 20 III GG (str.)

B. Tatbestandsvoraussetzungen

I. Öffentlich-rechtliches Handeln

    1. Handeln oder Unterlassen, wenn ein von der Behörde geschaffener Zustand, der zunächst rechtmäßig war, infolge Fristablaufs/Eintritts einer auflösenden Bedingung/Wegfall der materiellen Eingriffsvoraussetzungen rechtswidrig geworden ist.

    2. Öffentlich-rechtlich

II. Eingriff in ein subjektives öffentliches Recht (insb. Grundrechte)

III. Schaffung eines rechtswidrigen, noch andauernden Zustands

    Beim <u>Vollzugsfolgenbeseitigungsanspruch</u> muss der vollzogene VA zwischenzeitlich aufgehoben worden oder nichtig sein; sonst bildet VA Rechtsgrundlage des angeblich rechtswidrigen Zustandes und legalisiert diesen.

V. Unmittelbare Folge des öffentlich-rechtlichen Handelns

VI. Wiederherstellung möglich und zumutbar

    1. Tatsächlich möglich

    2. Rechtlich möglich

    3. Zumutbarkeit: unverhältnismäßiger Aufwand (+), wenn krasses Missverhältnis zwischen Wiederherstellungsaufwand und Eingriff (BVerwG, DVBl. 2004, 1493)

VII. Mitverschulden: (§ 254 BGB analog, h.M.: FBA wandelt sich in einen – dann nach § 254 BGB analog gekürzten – Entschädigungsanspruch (§ 251 I BGB) = Folgenentschädigungsanspruch)

C. Rechtsfolge

VI. Öffentlich-rechtlicher Erstattungsanspruch

I. Anspruchsgrundlage   **313**

    1. Spezialgesetzliche Anspruchsgrundlagen: § 49a LVwVfG/ BVwVfG im Falle der rückwirkenden Unwirksamkeit eines VA; § 12 BBesG; § 52 BeamtVG; § 87 BBG (Besoldung/ Versorgungsbezüge); § 37 II AO (Steuern); § 50 SGB X

2. Gewohnheitsrechtliche Anerkennung: Analogie zu §§ 812 ff. BGB

II. Tatbestandsvoraussetzungen

1. Vermögensverschiebung zwischen zwei Rechtssubjekten

2. durch Leistung oder in sonstiger Weise

3. ohne Rechtsgrund

   a) <u>Fallgruppe 1:</u> VA aufgehoben → Spezialfall des § 49a I LVwVfG/BVwVfG

   b) <u>Fallgruppe 2:</u> VA wird nachträglich unwirksam → Spezialfall des § 49a LVwVfG/BVwVfG

   c) <u>Fallgruppe 3:</u> Nichtigkeit des VA (+)

   d) <u>Fallgruppe 4:</u> Rechtswidrigkeit des VA (-)

   e) <u>Fallgruppe 5:</u> Nichtigkeit des Verwaltungsvertrags

   f) <u>Fallgruppe 6:</u> Unwirksamkeit einer rechtsbegründenden Norm wegen Unvereinbarkeit mit höherrangigem Recht

4. aufgrund eines (zumindest vermeintlich) öffentlich-rechtlichen Leistungsverhältnisses (BVerwGE 84, 274 [276])

III. Rechtsfolge

1. Herausgabe des Erlangten (vgl. § 812 I BGB)

2. Herausgabe tatsächlich gezogener Nutzungen (s. § 818 I Hs. 1 BGB), Surrogat (§ 818 I Hs. 2 BGB), Wertersatz (§ 818 II BGB)

3. Einwand der Entreicherung (str. für Staat)

VII. Ansprüche aus öffentlich-rechtlichem Schuldverhältnis

1. § 280 I BGB analog

314 **I. Anspruchsgrundlage: § 280 I BGB analog**

II. Anspruchsvoraussetzungen

1. Verwaltungsrechtliches Schuldverhältnis

   a) Verwaltungsvertrag iSd § 54 S. 1 BVwVfG/LVwVfG (s. auch § 62 S. 2 BVwVfG/LVwVfG)

b) im Vorfeld des Vertragsabschlusses (§§ 280 I, 311 II
   iVm § 241 II BGB analog [c.i.c.])

c) öffentlich-rechtliche GoA (§§ 683 S. 1, 670 BGB analog)

d) Öffentlich-rechtliches Verwahrungsverhältnis (in § 40
   II 1 VwGO ausdrücklich genannt: materiell-rechtliche
   Existenz wird vorausgesetzt;

   Anwendungsfälle: Sicherstellung und Verwahrung nach Polizeirecht[20] oder Beschlagnahme nach §§ 94 ff. StPO)

2. Pflichtverletzung

3. Verschulden

III. Rechtsfolge

2. Öffentlich-rechtliche GoA

I. Anspruchsgrundlage: §§ 683 S. 1, 670 BGB analog   315

II. Tatbestandsvoraussetzungen

1. Anwendbarkeit der öffentlich-rechtlichen GoA

2. Fremdes Geschäft

3. Fremdgeschäftsführungswille

4. Ohne Auftrag oder sonstige Berechtigung

5. Interesse oder Wille des Geschäftsherrn

III. Rechtsfolge

---

[20] Richtet sich nach Landesrecht. Für NRW §§ 43 ff. PolG; für Baden-
Württemberg §§ 32 ff. PolG; für Bayern Art. 25 ff. PAG.

Fünfter Abschnitt: Besonderes Verwaltungsrecht

A. Polizeirecht

I. Polizeiliche Einzelfallanordnung

Öffentliche Sicherheit	Unverletzlichkeit der *objektiven Rechtsordnung*, der *subjektiven Rechte und Rechtsgüter* des Einzelnen (insb. Gesundheit, Ehre, Freiheit, Vermögen) sowie der *Einrichtungen und Veranstaltungen* des Staates oder sonstiger Träger der Hoheitsgewalt. Die *objektive Rechtsordnung* umfasst alle Normen des öffentlichen und privaten Rechts. Der Begriff der *Einrichtungen des Staates* umfasst sowohl den räumlich-gegenständlichen Bereich der Staatseinrichtungen als auch das ungestörte Funktionieren der staatlichen Organe und Einrichtungen (nur Schutz vor äußerer Störung; physische Mittel, nicht lediglich Kritik).	**316**
Öffentliche Ordnung	Gesamtheit der ungeschriebenen Regeln für das Verhalten des Einzelnen in der Öffentlichkeit, deren Beachtung nach den jeweils herrschenden Anschauungen als unerlässliche Voraussetzung eines geordneten staatsbürgerlichen Zusammenlebens betrachtet wird.	**317**
Gefahr	Sachlage, die bei ungehindertem Ablauf des Geschehens in absehbarer Zeit mit hinreichender Wahrscheinlichkeit zu einem Schaden für die öffentliche Sicherheit und Ordnung führen würde.	**318**
Konkrete Gefahr	Entsteht aus einzelnem realen Lebensvorgang; lässt Schaden im Einzelfall innerhalb überschaubarer Zukunft mit Wahrscheinlichkeit erwarten (→ Einzelfallanordnung)	**319**
Abstrakte Gefahr	Beschreibt Gefährlichkeit gedachter Sachverhalt; es wird abgestellt auf Arten von Zuständen oder Verhaltensweisen, aus denen typi-	**320**

		scherweise mit Wahrscheinlichkeit Gefahren hervorgehen (→ Polizeiverordnung).
321	Gegenwärtige Gefahr	Liegt vor, wenn die Einwirkung des schädigenden Ereignisses bereits begonnen hat oder wenn diese Einwirkung unmittelbar oder in allernächster Zeit mit an Sicherheit grenzender Wahrscheinlichkeit bevorsteht.
322	Erhebliche Gefahr	Ist die Gefahr für ein bedeutendes Rechtsgut.
323	Dringende Gefahr	Droht einem wichtigen Rechtsgut, ohne dass die Störung bereits eingetreten zu sein oder unmittelbar bevorzustehen braucht.
324	Gemeine Gefahr	Besteht für eine unbestimmte Zahl von Personen oder Sachen
325	Gefahr im Verzug	Liegt vor, wenn die grds. vorgeschriebene Einschaltung einer Behörde oder des Richters nicht rechtzeitig vor Eintritt des zu erwartenden Schadens möglich ist.
326	Anscheinsgefahr	Situation, in der bei objektiver Betrachtung für den idealtypischen Durchschnittsbeamten eine Gefahr zu bestehen scheint, ohne allerdings in Wirklichkeit vorhanden zu sein.
327	Scheingefahr/Putativgefahr	Liegt vor, wenn es im Zeitpunkt der Maßnahme an objektiven Anhaltspunkten für eine Gefahr fehlt.
328	Gefahrenverdacht	Liegt vor, wenn die Behörde über das Vorliegen einer Gefahr im ungewissen ist, jedoch bei verständiger Würdigung und hinreichender Sachverhaltsaufklärung Anhaltspunkte für das Vorhandensein einer Gefahr sprechen.
329	Verhaltensstörer	Störer ist, wer die Gefahr oder Störung *unmittelbar* verursacht (h.M.).
330	Zustandsstörer	Verantwortlichkeit für den Zustand einer Sache/das Verhalten eines Tieres als Eigentümer, Inhaber der tatsächlichen Gewalt.

Wichtig: Den im Aufgabentext beschriebenen Handlungsablauf zerlegen nach Handlungsebenen (Primärmaßnahme oder Zwangsmittel?) und Maßnahmen mit jeweils selbständigem Regelungscharakter (Gebot/Verbot: welche typisierten oder nicht typisierten Maßnahmen stecken darin?). Für jede Einzelmaßnahme – auch wenn im Handlungszusammenhang mit anderen – nachfolgende Prüfung:

A. Ermächtigungsgrundlage **331**

I. Spezialermächtigung außerhalb des Polizei- und Ordnungsrechts (zB § 15 I VersG)

II. Standardmaßnahme: Maßnahmen zum Zwecke der Platzverweisung, der Ingewahrsamnahme, der Sicherstellung etc.

III. Generalklausel[21] (je nach Handelndem aus Polizei- oder Ordnungsrecht)

B. Formelle Rechtmäßigkeit, insb.

I. Zuständigkeit

  1. Sachliche Zuständigkeit[22] (hier auch Abgrenzung zwischen Polizei- und Ordnungsbehörden)

  2. Örtliche Zuständigkeit[23]

II. Anhörung (beachte: § 28 II Nr. 1, 4 LVwVfG)

III. Form (§ 37 II 1, 2; § 39 I 1 LVwVfG; ggf. sonstige landesrechtliche Vorgaben)[24]

C. Materielle Rechtmäßigkeit (exemplarisch für Generalklausel)

I. Schutz der öffentlichen Sicherheit und Ordnung

II. Konkrete Gefahr (auch Anscheinsgefahr, Gefahrenverdacht, nicht nur Scheingefahr) eines Schadenseintritts

III. Richtiger Adressat

  1. Handlungs- oder Zustandsstörer[25]

  2. Ggf. Rechtsnachfolger

---

[21] Richtet sich nach Landesrecht. Für NRW § 8 I PolG NRW bzw. § 14 I OBG NRW; für Baden-Württemberg § 3 PolG BW; für Bayern Art. 11 I PAG bzw. Art. 6 LStVG.

[22] Richtet sich nach Landesrecht. Für NRW § 1 I 1, 3 PolG NRW, § 10 POG NRW bzw. § 5 OBG NRW, sofern keiner Behörde speziell zugewiesen; für Baden-Württemberg § 66 PolG BW; für Bayern Art. 3 I POG BY, Art. 2, 3 PAG.

[23] Richtet sich nach Landesrecht. Für NRW § 7 POG NRW bzw. § 4 OBG NRW; für Baden-Württemberg § 68 PolG BW; für Bayern Art. 3 I POG BY.

[24] Für NRW § 20 I OBG NRW: grds. Schriftform bei Handeln der Ordnungsbehörden; für Baden-Württemberg und Bayern keine Besonderheiten.

[25] Richtet sich nach Landesrecht. Für NRW §§ 4, 5 PolG NRW bzw. §§ 17, 18 OBG NRW; für Baden-Württemberg §§ 6, 7 PolG BW; für Bayern Art. 7, 8 PAG bzw. Art. 9 I, II LStVG.

3. Nichtstörer[26]

IV. Bestimmtheit (§ 37 I BVwVfG/LVwVfG)

D. Rechtsfolge

I. Gebundene Entscheidung

II. Ermessensentscheidung (so im Falle der Generalklausel): Pflichtgemäße Ausübung des Ermessens[27] → *Suche nach Ermessensfehlern*: Ermessensüberschreitung, Ermessensnichtgebrauch, Ermessensfehlgebrauch (Zweckverfehlung, Grundrechtsverletzung, insb. Unverhältnismäßigkeit)[28]

1. Entschließungsermessen

2. Auswahlermessen

   a) Mittelauswahl

   b) Störerauswahl (insb.: subsidiäre Inanspruchnahme des Nichtstörers)

II. Platzverweis

332	Aufenthalt	Vorübergehendes Verweilen
333	Platzverweisung	*Vorübergehende* Verweisung einer Person von dem Ort, an dem sie sich befindet, und das Verbot des Betretens eines Ortes.

III. Ingewahrsamnahme

334	Gewahrsam	Zeitlich befristetes Festhalten einer Person an einem eng umgrenzten Ort gegen oder ohne ihren Willen.

---

[26] Richtet sich nach Landesrecht. Für NRW § 6 PolG NRW bzw. § 19 OBG NRW; für Baden-Württemberg § 9 PolG BW; für Bayern Art. 10 PAG bzw. Art. 9 III LStVG.

[27] Richtet sich nach Landesrecht. Für NRW § 3 PolG NRW bzw. § 16 OBG NRW; für Baden-Württemberg § 3 Hs. 2 PolG BW; für Bayern Art. 5 PAG.

[28] Richtet sich nach Landesrecht. Für NRW § 2 PolG NRW bzw. § 15 OBG NRW; für Baden-Württemberg § 5 PolG BW; für Bayern Art. 4 PAG bzw. Art. 8 LStVG.

IV. Durchsuchung von Personen

| Durchsuchung | Suche zum Zwecke der Auffindung körperfremder Gegenstände. | 335 |

V. Durchsuchung von Sachen

| Sache | Jeder körperliche Gegenstand mit Ausnahme der am Körper befindlichen Kleidungsstücke und deren Inhalt. | 336 |

VI. Betreten und Durchsuchung von Wohnungen

Wohnung	Jede tatsächlich bewohnte oder Wohn-, Arbeits-, Betriebs-, oder Geschäftszwecken dienende Räumlichkeit bzw. anderes befriedetes Besitztum.	337
Betreten von Wohnungen	Eindringen in die betreffenden Räumlichkeiten bzw. Besitztümer, das Verweilen, sowie einfache Um- und Nachschau.	338
Durchsuchen von Wohnungen	Das ziel- und zweckgerichtete Suchen staatlicher Organe nach Personen oder Sachen bzw. das Bestreben, etwas aufzuspüren, was der Inhaber der Wohnung offen zu legen nicht bereits ist (BVerwGE 47, 31 [37]).	339

VII. Sicherstellung und Beschlagnahme

| Sicherstellung | Behördlicher Entzug der tatsächlichen Verfügungsmacht bzw. Sachherrschaft über eine Sache und Begründung eines öffentlich-rechtlichen Verwahrungsverhältnisses (= amtlicher Gewahrsam iSd § 44 I 1 PolG NRW; Art. 26 I 1 PAG) oder anderweitige Aufbewahrung oder Sicherung (§ 44 I 2 PolG NRW; Art. 26 I 2 PAG). | 340 |
| Verwertung | Realisierung des in der Sache verborgenen finanziellen Wertes (grds. im Wege der öffentlichen Versteigerung). | 341 |

342 Beschlagnahme	In den meisten Landesgesetzen wird die Beschlagnahme nicht von der Sicherstellung unterschieden. Einzelne Landesgesetze[29] unterscheiden zwischen der Sicherstellung als Begründung polizeilichen Gewahrsams im Interesse des Berechtigten und der Beschlagnahme als Begründung polizeilichen Gewahrsams im öffentlichen Interesse.

VIII. Polizeiverordnung/Ordnungsbehördliche Verordnung

343 **A. Ermächtigungsgrundlage**

    I. Spezialermächtigungen (zB § 18 BestG NRW, § 16 LHundG NRW)

    II. Polizeiliche/Ordnungsbehördliche Generalermächtigung[30]

B. Formelle Voraussetzungen

    I. Zuständigkeit

        1. Verbands- bzw. instanzielle Kompetenz: Ministerium, Landes-, Kreis- oder Ortsbehörde[31] in Abhängigkeit von der Radizierung der Gefahr

        2. Organkompetenz: Exekutive Spitze[32] oder Vertretung[33]

        3. Örtliche Zuständigkeit, zB § 4 OBG NRW

    II. Verfahren: Ordnungsgemäßes Verfahren nach GO bzw. KrO (nur für Verordnungen der Kreis- und Ortsordnungsbehörden)

    III. Form[34]

---

[29] So §§ 32 f. PolG BW; §§ 26 f. SächsPolG.

[30] Richtet sich nach Landesrecht. Für NRW §§ 26 ff. OBG NRW; für Baden-Württemberg §§ 10 ff. PolG BW; in Bayern keine Generalermächtigung.

[31] Richtet sich nach Landesrecht. Für NRW §§ 26 I, II, 27 II, III OBG NRW; für Baden-Württemberg § 13 PolG BW; in Bayern abhängig von spezieller Ermächtigungsgrundlage im LStVG.

[32] Richtet sich nach Landesrecht. Für NRW §§ 26, 27 II OBG NRW; für Baden-Württemberg § 13 PolG BW; in Bayern abhängig von spezieller Ermächtigungsgrundlage im LStVG.

[33] Richtet sich nach Landesrecht. Für NRW § 27 IV 1 OBG NRW iVm GO/KrO NRW; für Bayern Art. 42 LStVG.

[34] Richtet sich nach Landesrecht. Für NRW § 30 OBG NRW; für Baden-Württemberg § 12 PolG BW; für Bayern Art. 45 II, 50 II 1 LStVG.

C. Materielle Voraussetzungen

(Inhaltlich müssen Gefahrenabwehrverordnungen den Rahmen der Ermächtigungsgrundlage einhalten; im Folgenden: <u>General-ermächtigung</u>)

   I. Abstrakte Gefahr für die öffentliche Sicherheit oder Ordnung

  II. Verantwortlichkeit der Verpflichteten (entsprechend polizeilicher Störerverantwortlichkeit)

 III. Bestimmtheit der Verordnung[35]

 IV. Kein Verstoß gegen höherrangige Normen

     1. Verfassung, Europarecht, Bundes- oder Landesrecht

     2. Verordnungen höherer Behörden[36]

D. Rechtsfolge: Fehlerfreie Ermessensausübung (§ 40 BVwVfG/ LVwVfG)[37]

IX. Unmittelbare Ausführung

Nur wenn nach Landesrecht Differenzierung nach *Sofortvollzug* und *unmit-* **344** *telbarer Ausführung* vorgesehen ist; so etwa in Bayern; nicht in NRW. Zur Abgrenzung wird darauf abgestellt, ob ein entgegenstehender Wille zu überwinden ist (dann Sofortvollzug) oder nicht (dann unmittelbare Ausführung).

A. Ermächtigungsgrundlage[38]   **345**

B. Besondere Voraussetzungen der unmittelbaren Ausführung

   I. Abwehr einer konkreten Gefahr

  II. Inanspruchnahme des Verantwortlichen nicht möglich, da

     1. keine Erreichbarkeit

     2. keine rechtzeitige Erreichbarkeit

---

[35] Richtet sich nach Landesrecht. Für NRW § 29 I 1 OBG NRW; im Übrigen nach allgemeinen Grundsätzen.

[36] Für NRW § 28 OBG NRW; im Übrigen nach allgemeinen Grundsätzen.

[37] S. auch landesrechtliche Regelung, z.B. § 16 OBG NRW.

[38] Richtet sich nach Landesrecht; vgl. nur § 9 PAG.

C. Rechtmäßigkeit der unmittelbar ausgeführten Maßnahme

    I. Ermächtigungsgrundlage der fiktiven Verfügung

    II. Formelle Rechtmäßigkeit

        1. Zuständigkeit

            a) Sachliche Zuständigkeit

            b) Örtliche Zuständigkeit

        2. Besondere Verfahrensvorschriften

    III. Materielle Rechtmäßigkeit

    IV. Ermessen

D. Rechtsfolge

B. Versammlungsrecht

346	Versammlung	Örtliche Zusammenkunft mehrerer (h.M. mind. 2) Personen zur gemeinschaftlichen, auf die Teilhabe an der öffentlichen Meinungsbildung gerichteten Erörterung oder Kundgebung (str., so zumindest der enge Versammlungsbegriff, den mittlerweile auch das BVerfG vertritt; die a.A. fordert keine Teilhabe an der öffentlichen Meinungsbildung als gemeinsamen Zweck).
347	Öffentlich	Ist eine Versammlung, wenn die Teilnahme jedermann offensteht, der Teilnehmerkreis also unbegrenzt ist (↔ *geschlossene Versammlung* = auf einen individuell abgegrenzten Teilnehmerkreis beschränkt, zB durch Einladung, Mitgliedschaft).
348	Unter freiem Himmel	Fehlende Abschließung nach außen, die prinzipielle Unüberschaubarkeit, die jederzeitige Möglichkeit weiterer Hinzutretens und die damit verbundene höhere Störanfälligkeit und Gefahrenträchtigkeit.
349	Geschlossener Raum	Notwendig ist die Abschließung nach mehreren (nicht: allen) Seiten.
350	Spontanersammlung	Aus momentanem Anlass, ungeplant und ohne Veranstalter.

| Eilversammlung | Geplant und mit Veranstalter, aber Einhaltung der 48-Stundenfrist für Anmeldung ohne Gefährdung des Demonstrationszwecks nicht möglich. | 351 |

I. Auflage oder Versammlungsverbot

Hinweis: Die in § 15 I als „Auflagen" bezeichneten Beschränkungen sind keine Auflagen iSd § 36 II Nr. 4 VwVfG, weil sie nicht Nebenbestimmungen zu Verwaltungsakten, sondern selbständige Verwaltungsakte sind: Rechtsgrundlage ist allein § 15 I VersG.   352

| Versammlungsverbot | Untersagung einer Versammlung im Vorfeld bis zum Beginn einer Versammlung. | 353 |

A. Ermächtigungsgrundlage: § 15 I VersG   354

B. Formelle Rechtmäßigkeit

  I. Zuständigkeit der Behörde[39]

   1. sachliche Zuständigkeit

   2. örtliche Zuständigkeit

  II. Verfahren, insb. Anhörung nach § 28 I LVwVfG

III. Form

B. Materielle Rechtmäßigkeit

  I. Öffentliche Versammlung unter freiem Himmel

  II. Unmittelbare Gefährdung der öffentlichen Sicherheit oder Ordnung bei Durchführung der Versammlung

III. Bestimmtheit der Maßnahme

C. Rechtsfolge: Ermessen

Zu beachten ist hier insb. die grundrechtskonforme Anwendung (Art. 8 I GG) der Norm.

---

[39] Richtet sich nach Landesrecht. Für NRW § 10 POG NRW iVm § 1 VersammlGZustV, § 7 POG NRW; für Baden-Württemberg § 66 PolG BW iVm § 1 VersGZuV; für Bayern Art. 24 BayVersG.

II. Versammlungsauflösung

355 Auflösung	Beendigung einer bereits existierenden Versammlung oder eines Aufzugs mit dem Ziel, die Personenansammlung zu zerstreuen.

356   **A. Ermächtigungsgrundlage: § 15 III oder IV VersG**

    B. Formelle Rechtmäßigkeit

      I. Zuständigkeit der Behörde[40]

        1. sachliche Zuständigkeit

        2. örtliche Zuständigkeit

      II. Verfahren, insb. Anhörung nach § 28 I LVwVfG

      III. Form

    B. Materielle Rechtmäßigkeit

      I. nach Abs. 3

      II. nach Abs. 4: verbotene Versammlung

    C. Rechtsfolge

      I. nach Abs. 3: Ermessen

        Zu beachten ist hier insb. die grundrechtskonforme Anwendung (Art. 8 I GG) der Norm.

      II. nach Abs. 4: gebundene Entscheidung

C. Kommunalrecht

I. Selbstverwaltungsgarantie (Art. 28 II GG)

357 Institutionelle Rechtssubjektsgarantie	Gewährleistung der Institutionen „Gemeinde" und „Gemeindeverbände", aber kein individueller Bestandsschutz einzelner Gemeinden bzw. Gemeindeverbände.
358 Objektive Rechtsinstitutionsgarantie	Garantie des Verwaltungstypus der gemeindlichen Selbstverwaltung.

---

[40] S.o. Fn. 38.

Subjektive Rechtsstellungstheorie	Subjektives Recht auf Geltendmachung der Selbstverwaltung vor Gericht.	359
Angelegenheiten der örtlichen Gemeinschaft	„Aufgaben, … die in der örtlichen Gemeinschaft wurzeln oder auf die örtliche Gemeinschaft einen spezifischen Bezug haben" (BVerfGE 79, 127 [151]; 107, 1).	360
Eigenverantwortlichkeit	Freiheit vor staatlicher Reglementierung hinsichtlich Art und Weise der Aufgabenerledigung.	361
Organisationshoheit	Recht der Kommunen, ihre interne Verwaltungsorganisation eigenverantwortlich ausgestalten zu können.	362
Personalhoheit	Recht auf freie Auswahl, Anstellung, Beförderung und Entlassung von Mitarbeitern.	363
Finanzhoheit	Recht zur selbständigen Führung der Einnahme- und Ausgabewirtschaft im Rahmen eines geordneten Haushaltswesens (insb. Recht auf aufgabenadäquate Finanzausstattung!).	364
Planungshoheit	Recht, die örtlichen planungsfähigen Aufgaben im Rahmen ihrer Zuständigkeit eigenverantwortlich wahrzunehmen und dort, wo ihr diese Zuständigkeit entzogen ist, angemessen beteiligt zu werden.	365
Satzungshoheit	Recht zum Erlass abstrakt-genereller Regelungen im örtlichen und funktionellen Einflussbereich der Kommunen.	366
Kernbereich	Wesensgehalt, den man aus einer Institution nicht entfernen kann, ohne deren Struktur und Typus zu ändern.	367

A. Schutzbereich der kommunalen Selbstverwaltungsgarantie   368

  I. Institutionelle Rechtssubjektsgarantie

  II. Objektive Rechtsinstitutionsgarantie

    1. Geschützter Kompetenzbereich: (bei Gemeinden) „Angelegenheiten der örtlichen Gemeinschaft" (Universalität des gemeindlichen Aufgabenkreises, Aufgabenfindungsrecht), exemplarische Konkretisierung durch Gemeindehoheiten (Organisationshoheit, Personalhoheit, Finanzhoheit, Planungshoheit, Satzungshoheit)

   2. Eigenverantwortliche Aufgabenerledigung: Berührung der kommunalen „Hoheiten"

  III. Subjektive Rechtsstellungsgarantie

B. Eingriff in den Schutzbereich

C. Verfassungsrechtliche Rechtfertigung des Eingriffs

   I. Gesetzesvorbehalt („im Rahmen der Gesetze")

  II. Verhältnismäßigkeit

    1. Legitimer Gesetzeszweck

    2. Eignung

    3. Erforderlichkeit

    4. Angemessenheit

  III. Wesensgehaltsgarantie: Kein Eingriff in den unantastbaren Kernbereich der kommunalen Selbstverwaltungsgarantie

II. Ratsbeschluss

369   **A. Ggf. besondere Ermächtigungsgrundlage**

  B. Formelle Rechtmäßigkeit

   I. Zuständigkeit

    1. Verbandskompetenz der Gemeinde vgl. Art. 28 II GG)

    2. Organkompetenz des Rates[41]

   II. Verfahren

    1. Ordnungsgemäße Ladung[42]

    2. Öffentlichkeit der Sitzung[43]

    3. Ordnungsgemäße Leitung der Sitzung durch BM oder zuständigen Vertreter

---

[41] Richtet sich nach Landesrecht. Für NRW § 41 GO NRW; für Baden-Württemberg § 24 GemO; für Bayern Art. 29, 30 GO BY.
[42] Richtet sich nach Landesrecht. Für NRW § 47 GO NRW iVm Geschäftsordnung; für Baden-Württemberg § 37 GemO iVm Geschäftsordnung; für Bayern Art. 47 II GO BY.
[43] Richtet sich nach Landesrecht. Für NRW § 48 II GO NRW; für Baden-Württemberg § 35 GemO; für Bayern Art. 52 GO BY.

III. Beschlussvorgang

1. Keine Mitwirkung befangener Gemeinderäte bzw. kein Ausschluss nicht befangener Gemeinderäte[44]

2. Beschlussfähigkeit des Gemeinderats[45]

3. Erforderliche Mehrheit[46]

C. Materielle Rechtmäßigkeit

I. Ggf. Tatbestandsmerkmale besonderer Ermächtigungsnormen[47]

II. Vereinbarkeit mit höherrangigem Recht

III. Allgemeine Rechtmäßigkeitsvoraussetzungen

D. Rechtsfolge

III. Kommunale Satzungen

A. Ermächtigungsgrundlage   370

I. Spezielle Ermächtigungsgrundlagen[48]

II. Allgemeine kommunalrechtliche Ermächtigungsgrundlage[49]

---

[44] Richtet sich nach Landesrecht. Für NRW § 50 VI iVm § 31 (besonders Abs. 6) iVm § 43 II GO NRW; für Baden-Württemberg § 18 GemO; für Bayern Art. 49 GO BY.

[45] Richtet sich nach Landesrecht. Für NRW § 49 GO NRW; für Baden-Württemberg § 37 II GemO; für Bayern Art. 47 II GO BY.

[46] Richtet sich nach Landesrecht. Für NRW § 50 GO NRW; für Baden-Württemberg § 37 VI GemO; für Bayern Art. 51 I GO BY.

[47] Richtet sich nach Landesrecht. Für NRW §§ 7, 9, 77 GO NRW; für Baden-Württemberg §§ 4, 11, 78 GemO; für Bayern Art. 23 ff, 62 GO BY.

[48] Bundesrecht: §§ 2, 10 BauGB (Bebauungsplan), § 132 BauGB (Erschließungsbeiträge). Für NRW bspw. § 86 BauO NRW (örtliche Bauvorschriften), § 2 I KAG NRW (Abgaben), § 9 LAbfG NRW (Abfallentsorgung), § 45 LG NRW (Baumschutz), §§ 19, 19a StrWG NRW (Sondernutzung), § 9 GO NRW (Anschluss- und Benutzungszwang); für Baden-Württemberg bspw. 11 GemO (Anschluss- und Benutzungszwang), § 16 VII StrG (Sondernutzung); für Bayern bspw. Art. 24 I Nr. 2 GO BY (Anschluss- und Benutzungszwang).

[49] Richtet sich nach Landesrecht. Für NRW § 7 GO NRW (für Kreise: § 5 KrO NRW); für Baden-Württemberg § 4 GemO; für Bayern Art. 23 ff GO BY.

B. Formelle Rechtmäßigkeit

I. Zuständigkeit

1. Verbandskompetenz: Angelegenheit der örtlichen Gemeinschaft?

2. Örtliche Zuständigkeit

3. Organkompetenz: Rat

II. Verfahren, insb. ordnungsgemäße Einberufung, Beschlussfähigkeit

III. Form

1. Schriftform

2. Benennung der Ermächtigungsgrundlage nicht erforderlich (h.M.)

3. Ausfertigungs- und Veröffentlichungspflicht

IV. Ausnahmsweise Genehmigungs- oder Vorlagepflicht (bspw. § 11 BauGB)

C. Materielle Rechtmäßigkeit

Richtet sich nach Ermächtigungsgrundlage, bspw. für allgemeine kommunalrechtliche Ermächtigungsgrundlage

I. Satzungsautonomie gewahrt?

1. Regelungsinhalt räumlich auf die Gemeinde beschränkt?

2. Regelungsinhalt inhaltlich vom Selbstverwaltungsrecht umfasst?

II. Kein Verstoß gegen höherrangiges Recht?

III. Verhältnismäßigkeitsgrundsatz

IV. Zugang zu öffentlichen Einrichtungen

371 Öffentliche
Einrichtungen

Sachliche und/oder persönliche Mittel, die die Gemeinde im öffentlichen Interesse durch *Widmung* für eine unmittelbare und gleiche Nutzung zumindest für alle Einwohner zur Verfügung stellt (zB Theater, Museum, Bibliothek, Schwimmbad, Volksfest, Marktplätze, Friedhof).

Die *Widmung* ist eine sachbezogene Regelung der Benutzung einer Sache durch die Allgemeinheit aufgrund einer Satzung oder eines VA.

A. Ermächtigungsgrundlage 372

  I. Spezielle Ermächtigungsgrundlage: für politische Parteien (§ 5 I PartG), Marktzulassung (§ 70 GewO, auch Volksfeste usw.) und § 22 PBefG

  II. Allgemeine kommunalrechtliche Ermächtigungsgrundlage[50]

B. Formelle Rechtmäßigkeit

  I. Zuständigkeit

  II. Antrag auf Zulassung

C. Materielle Rechtmäßigkeit

  I. Gemeindliche öffentliche Einrichtung

  II. Persönliche Anspruchsposition

  III. Nutzung „im Rahmen der geltenden Vorschriften", insb. Widmungsumfang

D. Rechtsfolge

  I. Regelmäßig: gebundene Erlaubnis

  II. Ausnahmsweise (insb. bei Kapazitätsüberschreitung): Anspruch auf ermessensfehlerfreie Entscheidung

V. Anweisung des Bürgermeisters zur Beanstandung

A. Ermächtigungsgrundlage[51] 373

B. Formelle Rechtmäßigkeit

  I. Zuständigkeit der Aufsichtsbehörde[52]

  II. grds. formfrei

---

[50] Richtet sich nach Landesrecht. Für NRW § 8 II GO NRW; für Baden-Württemberg § 10 II GemO; für Bayern Art. 21 V GO BY.

[51] Richtet sich nach Landesrecht. Für NRW § 122 I 1 GO NRW; für Baden-Württemberg § 121 GemO; für Bayern Art. 122 GO BY.

[52] Richtet sich nach Landesrecht. Für NRW § 120 GO NRW; für Baden-Württemberg § 119 GemO; für Bayern Art. 110 GO BY

C. Materielle Rechtmäßigkeit

   I. Ratsbeschluss (oder Ausschussbeschluss)

   II. Rechtswidrigkeit des Ratsbeschlusses

D. Rechtsfolge

   I. Ermessen („kann")

   II. wenn Anweisung erfolgt:

      1. Verpflichtung des Bürgermeisters zur Beanstandung

      2. Bürgermeister wird im Wege der Organleihe tätig

D. Baurecht

I. Baugenehmigung

374	Anlage iSd § 2 I LBauO	Mit dem Erdboden verbundene, aus Bauprodukten hergestellte Anlage.
375	Errichtung	Erstmalige Herstellung einer Anlage oder deren Aufstellung.
376	Änderung	Eingriff in eine bereits vorhandene bauliche Anlage in Form von Umbau, Anbau oder Erweiterung, ohne dass der baulichen Anlage eine andere Zweckbestimmung zukommt.
377	Nutzungsänderung	Bauliche Anlage soll zu einem anderen als dem ursprünglich genehmigten Zweck genutzt werden.
378	Anlage iSv § 29 BauGB	Jede auf Dauer mit dem Erdboden verbundene künstliche Anlage, die aus Baustoffen und Bauteilen hergestellt worden ist, und eine *Planungsbedürftigkeit* aufweist. *Planungsbedürftigkeit* besteht, wenn die in § 1 V, VI BauGB genannten Belange derart berührt sind, dass das Bedürfnis nach einer ihre Zulässigkeit regelnden verbindlichen Bauleitplanung hervorgerufen wird.
379	Ortsteil	Jeder Bebauungszusammenhang im Gebiet einer Gemeinde, der nach der Zahl der vorhandenen Bauten (10–12 Bauten) ein gewisses Gewicht besitzt und Ausdruck einer organischen Siedlungsstruktur ist.

Im Zusammenhang bebauter Ortsteil	Jede Bebauung im Gebiet einer Gemeinde, die – trotz vorhandener Baulücken – den Eindruck der Geschlossenheit und Zusammengehörigkeit erweckt.	380
Einfügen iSv § 34 I BauGB	Ein bauliches Vorhaben „fügt sich ein", wenn es sich innerhalb des durch die vorhandene umgebende Bebauung gebildeten Rahmens hält.	381
Nähere Umgebung	Nicht nur die unmittelbare Nachbarschaft, sondern der Einwirkungsbereich des Vorhabens. Definition der *Eigenart* der näheren Umgebung in drei Schritten: Erfassung tatsächlich vorhandener Bebauung; Nichtberücksichtigung, was die Umgebung nicht prägt und als Fremdkörper angesehen werden muss; Ergänzung um früher vorhandene bauliche Nutzungen, sofern mit Wiedererrichtung bzw. -aufnahme nach der Verkehrsauffassung zu rechnen ist.	382
Zentrale Versorgungs-bereiche	Räumlich abgrenzbare Bereiche einer Gemeinde, denen auf Grund vorhandener Einzelhandelsnutzungen eine Versorgungsfunktion über den unmittelbaren Nahbereich hinaus zukommt.	383
Schädliche Auswirkungen	Nachhaltige Störung der Funktionsfähigkeit der zentralen Versorgungsbereiche dergestalt, dass sie ihren Versorgungsauftrag generell oder hinsichtlich einzelner Branchen nicht mehr subsantiell wahrnehmen können.	384
Außenbereich	Gebiet, das außerhalb eines wirksamen qualifizierten Bebauungsplanes iSd § 30 I BauGB und auch außerhalb der im Zusammenhang bebauten Ortsteile, mithin außerhalb des Innenbereichs iSd § 34 BauGB, liegt.	385
Formelle Planreife iSv § 33 I Nr. 1 BauGB	Materiell und formell ordnungsgemäße Durchführung der Öffentlickeits- und Behördenbeteiligung.	386
Materielle Planreife iSv § 33 I Nr. 2 BauGB	Prognostisch sichere Erwartung, dass der Inhalt des maßgeblichen Bebauungsplanentwurfs mit der Qualität des § 10 BauGB gültiges Ortsrecht wird.	387

388	Abstandsfläche	Fläche vor den Außenwänden eines Gebäudes, der von Bebauung freizuhalten ist.
389	Verunstaltung	Bauliche Anlage wird nach Auffassung eines in durchschnittlichem Maße für ästhetische Eindrücke aufgeschlossenen Betrachters derart störend beeinträchtigt, dass sie Unlustgefühle, krasse Gegensätzlichkeiten und Widersprüche im Erscheinungsbild bebauter Gebiete hervorruft, die es abzuwehren gilt.

390

A. Ermächtigungsgrundlage[53]

B. Formelle Rechtmäßigkeit

  I. Zuständigkeit

    1. Sachlich: untere Bauaufsichtsbehörde (zB nach § 62 BauO NRW iVm § 60 I Nr. 3a BauO NRW)

    2. Örtlich: § 3 I Nr. 1 LVwVfG/BVwVfG

  II. Verfahren

    1. schriftlicher Bauantrag

    2. ggf. Anhörung beteiligter Behörden[54]

    3. Anhörung angrenzender Nachbarn (wenn Baugenehmigung nur unter Befreiung von nachbarschützenden Normen erteilt werden kann)[55]

  III. Schriftform[56]

C. Materielle Rechtmäßigkeit

  I. Genehmigungsbedürftigkeit

    1. Errichtung, Aufstellung, Anbringung, Änderung, Abbruch, Beseitigung, Nutzungsänderung von baulichen Anlagen[57]

---

[53] Richtet sich nach Landesrecht. Für NRW § 75 I 1 BauO NRW; für Baden-Württemberg § 59 I 1 LBO BW; für Bayern Art. 68 I 1 BayBO.

[54] Richtet sich nach Landesrecht. Für NRW § 72 BauO NRW; für Baden-Württemberg § 53 IV LBO BW; für Bayern Art. 65 BayBO.

[55] Richtet sich nach Landesrecht. Für NRW § 74 II BauO NRW; für Baden-Württemberg § 55 LBO BW; für Bayern Art. 66 BayBO.

[56] Richtet sich nach Landesrecht. Für NRW § 75 I 2 BauO NRW; für Baden-Württemberg § 58 I 3 Hs. 1 LBO BW; für Bayern Art. 68 II 1 Hs. 1 BayBO.

[57] Richtet sich nach Landesrecht. Für NRW § 63 I BauO iVm § 2 I BauO NRW; für Baden-Württemberg § 49 iVm § 2 I LBO BW; für Bayern Art. 55 I iVm Art. 2 I BayBO.

2. Keine Genehmigungsfreiheit[58]

II. Genehmigungsfähigkeit

Vorüberlegung: Prüfungsumfang (s. sog. vereinfachtes Genehmigungsverfahren)

1. Vereinbarkeit mit Bauplanungsrecht, §§ 29 ff. BauGB; ggf. Ausnahmen oder Befreiung gem. §§ 31, 34 III BauGB

   a) Eröffnung des Anwendungsbereichs der §§ 29 ff. BauGB

      aa) Nichteinschlägigkeit des § 38 BauGB (= Vorrang sog. privilegierter Fachplanung)

      bb) Bauliche Anlage iSd § 29 I BauGB

   b) Vorhaben im Geltungsbereich eines BBP (→ §§ 30, 31 BauGB)

      aa) qualifizierter Bebauungsplan iSv § 30 I BauGB

         (1) Vorliegen eines qualifizierten BBP

         (2) Vereinbarkeit mit den Festsetzungen des qualifizierten BBP (ggf. inzidente Prüfung der Wirksamkeit des BBP!)

         (3) Ggf. (wg. Ermessensreduktion auf Null: Anspruch auf) Ausnahmen und Befreiungen nach § 31 BauGB?

         (4) Gebot der Gebietsverträglichkeit

         (5) Gebot der Rücksichtnahme (§ 15 BauNVO)

      bb) einfacher BBP

      → subsidiärer Rückgriff auf §§ 34, 35 BauGB

   c) Vorhaben im unbeplanten Innenbereich (→ § 34 BauGB)

      aa) Anwendbarkeit des § 34 BGB: im Zusammenhang bebauter Ortsteil

---

[58] Richtet sich nach Landesrecht. Für NRW §§ 65–67 BauO NRW, §§ 79, 80 BauO NRW; für Baden-Württemberg §§ 50, 51, 69, 70 LBO BW; für Bayern Art. 56–58, 72, 73 BayBO.

bb) „Einfügen" in die Eigenart der näheren Umgebung (Privilegierung nach Abs. 3, Spezialfall des Abs. 2?

cc) Anforderung an gesunde Wohn- und Arbeitsverhältnisse

dd) Keine Beeinträchtigung des Ortsbildes

ee) Keine schädlichen Auswirkungen auf zentrale Versorgungsbereiche (Abs. 3)

d) Vorhaben im Außenbereich (→ § 35 BauGB)

aa) Privilegiertes Vorhaben

bb) Nicht-privilegiertes Vorhaben

e) Zulässigkeit nach § 33 BauGB

aa) Formelle Planreife

bb) Materielle Planreife

cc) Schriftliches Anerkenntnis der Festsetzungen durch den Antragsteller für sich und seine Rechtsnachfolger

f) Gesicherte Erschließung (§§ 123 ff. BauGB)

2. Vereinbarkeit mit Bauordnungsrecht

a) Ggf. eingeschränktes Prüfprogramm[59]

b) Insb. Abstandsflächen[60], Verunstaltungsverbot[61]

c) Ggf. Abweichungen[62]

3. Vereinbarkeit mit sonstigen öffentlich-rechtlichen Vorschriften, zB § 9 I FStrG, NaturschutzG, DenkmalschutzG etc.

---

[59] Richtet sich nach Landesrecht. Für NRW § 68 I 4 Nr. 2, 3 BauO NRW; für Baden-Württemberg § 52 II Nr. 2 LBO BW; für Bayern Art. 59 S. 1 Nr. 1, 2 BayBO

[60] Richtet sich nach Landesrecht. Für NRW § 6 BauO NRW; für Baden-Württemberg § 5 f. LBO BW; für Bayern Art. 6 BayBO.

[61] Richtet sich nach Landesrecht. Für NRW § 12 BauO NRW; für Baden-Württemberg § 11 LBO BW; für Bayern Art. 8 BayBO.

[62] Richtet sich nach Landesrecht. Für NRW § 73 BauO NRW; für Baden-Württemberg § 56 LBO BW; für Bayern Art. 63 BayBO.

4. Ggf. Einvernehmen der Gemeinde, § 36 I BauGB (vgl. auch § 36 I 4: Zustimmungsbedürfnis der höheren Verwaltungsbehörde)

    a) Erforderlichkeit: Fälle der §§ 31, 33 bis 35 BauGB

    b) Entbehrlichkeit: Im Falle der Identität von Bauaufsichtsbehörde und Gemeinde (str.)?

    c) Ersetzbarkeit gem. § 36 II 3 BauGB

    d) Ggf. Fiktion gem. § 36 II 2 BauGB

5. Entgegenstehende private Rechte sind grds. nicht zu beachten, vgl. § 75 III 1 BauO. Ausnahme aber bei Offensichtlichkeit (VGH Mannheim NVwZ-RR 95, 563).

C. Rechtsfolge: gebundene Erlaubnis

Ausnahme nach § 31 I, II BauGB (regelmäßig: Ermessen)

II. Vorbescheid

Vorbescheid	Vorgezogene verbindliche Entscheidung über Teilfragen der späteren Baugenehmigung.	**391**

III. Nutzungsuntersagung und Beseitigungsanordnung

A. Ermächtigungsgrundlage[63]   **392**

B. Formelle Rechtmäßigkeit

  I. Zuständigkeit

    1. Sachlich: untere Bauaufsichtsbehörde (zB nach § 62 BauO NRW iVm § 60 I Nr. 3a BauO NRW)

    2. Örtlich: § 3 I Nr. 1 LVwVfG/BVwVfG

  II. Verfahren: § 28 I LVwVfG/BVwVfG

  III. Form (zB Schriftform nach § 20 I 1 OBG NRW)

---

[63] Richtet sich nach Landesrecht. Für NRW § 61 I 2 BauO NRW; für Baden-Württemberg § 65 LBO BW; für Bayern Art. 76 BayBO.

C. Materielle Rechtmäßigkeit

I. Bauliche Anlage[64]

II. Widerspruch zu öffentlich-rechtlichen Vorschriften

1. Fehlende Baugenehmigung (→ notwendige[65], aber nicht hinreichende[66] Bedingung)

2. Verstoß gegen materielle Vorschriften

a) Verstoß gegen Bauplanungsrecht

b) Verstoß gegen Bauordnungsrecht

c) Verstoß gegen sonstige Vorschriften

D. Ermessen: Besondere Berücksichtigung erfährt Art. 14 I GG!

IV. Baueinstellungsverfügung

393 **A. Ermächtigungsgrundlage[67]**

B. Formelle Rechtmäßigkeit

I. Zuständigkeit

1. Sachlich: untere Bauaufsichtsbehörde (zB nach § 62 BauO NRW iVm § 60 I Nr. 3a BauO NRW)

2. Örtlich: § 3 I Nr. 1 LVwVfG/BVwVfG

II. Verfahren: § 28 I LVwVfG/BVwVfG

III. Form (zB Schriftform nach § 20 I 1 OBG NRW)

---

[64] Richtet sich nach Landesrecht. Für NRW § 2 I BauO NRW; für Baden-Württemberg § 2 I LBO BW; für Bayern Art. 2 I BayBO.

[65] Sobald eine Baugenehmigung vorliegt, darf aufgrund deren Legalisierungs-wirkung eine materiell-rechtliche Prüfung (mit ggf. abweichendem Ergebnis) nicht mehr vorgenommen werden (Ausnahme: § 61 II 1 BauO NRW *nicht vorhersehbare* Gefahren oder *unzumutbare* Belästigungen; vgl. auch § 58 VI LBO BW.)

[66] Aufgrund der Irreversibilität der Beseitigungsanordnung wird – unter Zu-grundelegung des Art. 14 GG sowie des Verhältnismäßigkeitsgrundsatzes – allein der Verstoß gegen die Genehmigungspflicht nicht als hinreichender Grund für eine *Beseitigungsanordnung* angesehen; hinzutreten muss vielmehr der Verstoß gegen materielle Vorschriften des öffentlichen Rechts. Strittig hingegen im Hinblick auf die *Nutzungsuntersagung*, da diese keine irreversible Anordnung trifft.

[67] Richtet sich nach Landesrecht. Für NRW § 61 I 2 BauO NRW; für Baden-Württemberg § 64 LBO BW; für Bayern Art. 75 BayBO.

C. Materielle Rechtmäßigkeit

   I. Bauliche Anlage (§ 2 I 1 BauO)

   II. Widerspruch zu öffentlich-rechtlichen Vorschriften

      1. Fehlende Baugenehmigung (→ notwendige und hinrei-
chende Bedingung?; str.)

      2. Verstoß gegen materielle Vorschriften

         a) Verstoß gegen Bauplanungsrecht

         b) Verstoß gegen Bauordnungsrecht

         c) Verstoß gegen sonstige Vorschriften

D. Ermessen

V. Rechtmäßigkeit eines Bebauungsplans

Träger öffentlicher Belange	Verwalter öffentlicher Sachbereiche, d.h. Behörden, Energieversorger, Wasserwerke, Entsorgungsfirmen, Betreiber von Telekommunikationsnetzwerken, Post, Bahn.	394
Trennungsgebot	Gebiete, bei deren Nutzung Unverträglichkeiten auftreten, können nicht nebeneinander geplant werden.	395
Gebot der Konfliktbewältigung (§ 1 VI BauGB)	Jeder Bebauungsplan hat die von ihm geschaffenen oder ihm jedenfalls zurechenbaren Konflikte selbst zu lösen.	396
Grundsatz der Lastengleichheit	Keine unverhältnismäßige Belastung einzelner Eigentümer (vgl. Art. 14 GG).	397

A. Ermächtigungsgrundlage: § 1 III BauGB   398

B. Formelle Voraussetzungen

   I. Zuständigkeit: Gemeinde (§ 2 I 1 BauGB)

   II. Verfahren

      1. Aufstellungsbeschluss (s. § 2 I 2 BauGB: ortsübliche Bekanntmachung)

      2. Frühzeitige Bürgerbeteiligung (§ 3 I BauGB)

      3. Beteiligung der Träger öffentlicher Belange (§ 4 I BauGB)

4. Auslegungsbeschluss des Rats (arg. e § 3 II BauGB)

5. Öffentliche Auslegung der Entwürfe (§ 3 II BauGB)

6. Einholung von Stellungnahmen der Behörden (§ 4 II BauGB)

7. Ggf. Umweltprüfung

8. Wirksamer Satzungsbeschluss (§ 10 I BauGB; zB § 41 I 2 lit. f. GO) → s. hierzu Vorgaben der Gemeindeordnung.

9. Evtl. Genehmigung nach § 10 II, III BauGB

10. Bekanntgabe der Satzung (§ 10 III BauGB)

C. Materielle Voraussetzungen

I. Erforderlichkeit (§ 1 III 1 BauGB)

II. Abstimmungspflicht mit Bauleitplanung anderer Gemeinden (§ 2 II BauGB)

III. Zulässige Inhalte (§ 9 I BauGB), insb.

1. Art der baulichen Nutzung (→ §§ 1 ff. BauNVO)

2. Maß der baulichen Nutzung (→ §§ 16 ff. BauNVO)

3. Bauweise (→ § 22 BauNVO)

4. Überbaubare Grundstücksflächen (§ 23 BauNVO)

IV. Entwicklungsgebot (§ 8 II 1 BauGB; Ausnahmen: selbständiger Bebauungsplan (§ 8 II 2 BauGB); Parallelverfahren (§ 8 III BauGB); vorzeitiger Bebauungsplan (§ 8 IV BauGB)

V. Abwägung (§ 1 VII BauGB) unter Berücksichtigung des Trennungsgebots, des Gebots der Konfliktbewältigung sowie des Grundsatzes des Lastenausgleichs.

E. Gewerberecht

I. Schließungsanordnung (bei Betrieb ohne Zulassung)

399 Gewerbe

Jede erlaubte, wirtschaftliche Tätigkeit, die auf eigene Rechnung, eigene Verantwortung

und auf Dauer mit der Absicht zur Gewinner-
zielung betrieben wird ohne Urproduktion,
Verwaltung eigenen Vermögens oder Tätigkeit höherer Art zu sein.

A. Ermächtigungsgrundlage: § 15 II 1 GewO

400

Hinweis: Das Gaststättenrecht enthält keine spezielle Ermächtigungsgrundlage
für erlaubnispflichtige Gaststätten. § 31 GastG enthält eine Verweisung auf die
GewO.

B. Formelle Rechtmäßigkeit

  I. Zuständigkeit

    1. sachlich: § 155 II GewO iVm Landesrecht[68]

    2. örtlich: § 3 I LVwVfG/BVwVfG

  II. Verfahren, insb. Anhörung (§ 28 I LVwVfG/BVwVfG)

  III. Form

C. Materielle Rechtmäßigkeit

  I. Vorliegen eines Gewerbes

  II. Zulassungspflichtigkeit des Gewerbes (zB §§ 30 ff. GewO)

  III. Betrieb ohne Zulassung (formelle Illegalität)

D. Rechtsfolge

  I. Entschließungsermessen

  II. Auswahlermessen

II. Untersagungsverfügung

Unzuverlässig   Wer keine Gewähr dafür bietet, dass er sein **401**
Gewerbe in Zukunft ordnungsgemäß ausüben
wird.

402

A. Ermächtigungsgrundlage: § 35 I GewO

B. Formelle Rechtmäßigkeit

  I. Zuständigkeit

---

[68] Für NRW § 2 I GewRV NRW; für Baden-Württemberg § 9 GewOZuVO
BW; für Bayern § 1 II GewV BY.

    1. sachlich: § 155 II GewO iVm Landesrecht[69]

    2. örtlich: § 35 VII GewO

   II. Verfahren

    1. Anhörung (§ 28 I LVwVfG/BVwVfG)

    2. Beteiligung der Fachkammern (§ 35 IV 1, 2 GewO)

   III. Form

C. Materielle Rechtmäßigkeit

   I. Fehlende Zuverlässigkeit des Gewerbetreibenden in Bezug
     auf dieses Gewerbe (Zeitpunkt der Beurteilung: letzte Ver-
     waltungsentscheidung [h.M.])

   II. Erforderlichkeit zum Schutz der Allgemeinheit oder der
     Mitarbeiter

   III. Richtiger Adressat

D. Rechtsfolge: gebundene Entscheidung (§ 35 I 1 GewO)

Ermessen nur bei „erweiterter Gewerbeuntersagung" nach § 35
I 2 GewO

III. Veranstaltungsteilnahme

403 Festsetzung	Begünstigender Verwaltungsakt gegenüber Veranstalter, der ihm und Dritten Marktprivilegien sowie letzteren Teilnahmerecht gem. § 70 GewO gewährt. Zugleich belastend (Durchführungspflicht) für Veranstalter.

404   **A. Anspruchsgrundlage: § 70 I GewO**

B. Formelle Rechtmäßigkeit

C. Materielle Rechtmäßigkeit: Zugehörigkeit zum Teilnehmer-
kreis der festgesetzten Veranstaltung

D. Rechtsfolge

   I. Grds. gebundene Entscheidung

---

[69] Für NRW § 2 I GewRV NRW; für Baden-Württemberg § 1 GewOZuVO
BW; für Bayern § 1 II Nr. 1 GewV BY.

II. Anspruchsgrenze gem. § 70 III GewO bei Kapazitätser-
schöpfung → Ermessensentscheidung

IV. Gaststättengenehmigung

Ein Gaststätten-
gewerbe

betreibt, wer im stehenden Gewerbe **405**
1. Getränke zum Verzehr an Ort und Stelle
verabreicht (Schankwirtschaft) oder
2. zubereitete Speisen zum Verzehr vor Ort
und Stelle verabreicht (Speisewirtschaft),
wenn der Betrieb jedermann oder bestimmten
Personenkreisen zugänglich ist (§ 1 I GastG);
Betreibt ferner, wer als selbständiger Gewer-
betreibender im Reisegewerbe von einer für
die Dauer der Veranstaltung ortsfesten Be-
triebsstätte aus Getränke oder zubereitete
Speisen zum Verzehr an Ort und Stelle verabreicht, wenn der Betrieb jedermann oder
bestimmten Personenkreisen zugänglich ist
(§ 1 II GastG).

V. Erteilung einer Gaststättenerlaubnis

A. Ermächtigungsgrundlage: § 2 I 1 GastG **406**

B. Formelle Rechtmäßigkeit

I. Zuständigkeit

1. Sachlich: § 30 GastG iVm Landesrecht[70]

2. Örtlich: § 3 I Nr. 2 LVwVfG/BVwVfG

II. Verfahren: Antrag

C. Materielle Rechtmäßigkeit

I. Genehmigungsbedürftigkeit

1. Gaststättengewerbe iSd § 2 I 1 GastG

2. Kein Ausnahmetatbestand nach § 2 II Gast

II. Genehmigungsfähigkeit

---

[70] Für NRW § 2 I GewRV NRW; für Baden-Württemberg § 1 I GastVO BW;
für Bayern § 1 GastV BY.

1. Zuverlässigkeit des Gaststättenbetreibers (§ 4 I 1 Nr. 1 GastG)

2. Eignung der zum Betrieb des Gewerbes oder zum Aufenthalt der Beschäftigten bestimmten Räume (§ 4 I 1 Nr. 2 GastG)

3. Barrierefreiheit der für Gäste bestimmten Räume (§ 4 I 1 Nr. 2a GastG; vgl. auch S. 2)

4. Kein Widerspruch zu öffentlichen Vorschriften (§ 4 I 1 Nr. 3 GastG)

5. Bescheinigung einer Industrie- und Handelskammer (§ 4 I 1 Nr. 4 GastG)

D. Rechtsfolge

VI. Rücknahme einer Gaststättenerlaubnis

407 *Hinweis:* § 48 VwVfG ist ergänzend zu § 15 I GastG anwendbar. § 15 I GastG ist lex specialis und zwingt die Behörde zum Handeln, eine Rücknahme nach § 48 VwVfG steht dagegen im Ermessen der Behörde.

408 Unzuverlässig

Wer keine Gewähr dafür bietet, dass er sein Gewerbe in Zukunft ordnungsgemäß ausüben wird.

409 **A. Ermächtigungsgrundlage § 15 I GastG**

B. Formelle Rechtmäßigkeit

  I. Zuständigkeit

    1. Sachlich: § 30 GastG iVm Landesrecht[71]

    2. Örtlich: § 3 I Nr. 2 LVwVfG/BVwVfG

  II. Verfahren: insb. Anhörung (§ 28 I LVwVfG/BVwVfG)

C. Materielle Rechtmäßigkeit

  I. Versagungsgründe nach § 4 I 1 Nr. 1 GastG (Unzuverlässigkeit)

  II. Nachträgliches Bekanntwerden von Gründen, die bereits bei Erlaubniserteilung vorlagen

D. Rechtsfolge: gebundene Entscheidung

---

[71] Für NRW § 2 I GewRV; für Baden-Württemberg § 1 I GastVO BW; für Bayern § 1 GastV BY.

VII. Widerruf einer Gaststättenerlaubnis

Hinweis: § 49 VwVfG ist nicht neben § 15 II, III GastG anwendbar. § 15 II, **410** III GastG ist lex specialis und regelt den zwingenden Widerruf (Abs. 2) und den fakultativen Widerruf (Abs. 3) abschließend.

A. Ermächtigungsgrundlage § 15 II GastG oder § 15 III GastG   **411**

B. Formelle Rechtmäßigkeit

  I. Zuständigkeit

    1. Sachlich: § 30 GastG iVm Landesrecht[72]

    2. Örtlich: § 3 I Nr. 2 LVwVfG/BVwVfG

  II. Verfahren: insb. Anhörung (§ 28 I LVwVfG/BVwVfG)

C. Materielle Rechtmäßigkeit

  I. Nachträglicher Eintritt von Versagungsgründen nach § 4 I 1 Nr. 1 GastG (Unzuverlässigkeit), wenn § 15 II GastG Ermächtigungsgrundlage ist oder

  II. Vorliegen einer der folgenden Voraussetzungen, wenn § 15 III GastG Ermächtigungsgrundlage ist

    1. Unbefugte Änderung der Betriebsart (Nr. 1)

    2. Verwendung anderer als zugelassener Räume (Nr. 1)

    3. Verabreichung von nicht zugelassenen Getränken oder Speisen (Nr. 1)

    4. Nichteinhaltung sonstiger inhaltlicher Beschränkungen der Erlaubnis (Nr. 1)

    5. Nicht (rechtzeitige) Erfüllung von Auflagen (Nr. 2)

    6. Betrieb durch Stellvertrter ohne Erlaubnis (Nr. 3)

    7. Beschäftigung von unzuverlässigen Personen nach § 21 GastG (Nr. 4)

    8. Nichtbeibringung der Unterrichtungsnachweise (Nr. 5–7)

D. Rechtsfolge

  I. Widerruf nach § 15 II GastG: gebundene Entscheidung

  II. Widerruf nach § 15 III GastG: Ermessensentscheidung

---

[72] Für NRW § 2 I GewRV; für Baden-Württemberg § 1 I GastVO BW; für Bayern § 1 GastV BY.

F. Umweltrecht

I. Anlagengenehmigung nach BImSchG

412	Anlagen iSd BImSchG	sind 1. Betriebsstätten und sonstige ortsfeste Einrichtungen, 2. Maschinen, Geräte und sonstige ortsveränderliche technische Einrichtungen sowie Fahrzeuge, soweit sie nicht § 38 unterliegen, und 3. Grundstücke, auf denen Stoffe gelagert oder abgelagert oder Arbeiten durchgeführt werden, die Emissionen verursachen können, ausgenommen öffentliche Verkehrswege (§ 3 V BImSchG).

413

A. Ermächtigungsgrundlage: § 6 I BImSchG

B. Formelle Rechtmäßigkeit

  I. Zuständigkeit

    1. sachlich: nach Landesrecht[73]

    2. örtlich: § 3 I Nr. 2 LVwVfG/BVwVfG

  II. Verfahren

    1. Förmliches Verfahren (§ 10 BImSchG, §§ 1 ff. 9. BIm-SchVO)

    Gem. § 2 I Nr. 1 4. BImSchVO für alle in Spalte 1 des Anhangs zur 4. BImSchVO mit der Bezeichnung G aufgeführten Anlagen sowie für die mit der Bezeichnung V aufgeführten UVP-pflichtigen Anlagen erforderlich.

      a) Antragstellung gem. § 10 I 1 BImSchG iVm 9. BImSchVO

      b) Öffentliche Bekanntmachung und Auslegung (§ 10 II BImSchG und 4. BImSchVO iVm §§ 8–10 der 9. BImSchVO)

---

[73] Für NRW § 1 ZustVU NRW; für Baden-Württemberg § 1 BImSchZuVO BW; für Bayern Art. 1 BayImSchG.

c) Beteiligung anderer Behörden (§§ 11, 11a der 9. BImSchVO)

d) Ggf. Einholung eines Sachverständigengutachtens (§ 13 der 9. BImSchVO)

e) Erörterungstermin (§§ 14–19 der 9. BImSchVO)

f) Entscheidung der Behörde (§ 10 VIa BImSchG)

2. *Alternativ:* Vereinfachtes Verfahren

a) Antrag

b) insb. keine Öffentlichkeitsbeteiligung (§ 19 II BIm-SchG iVm § 10 III, IV BImSchG)

C. Materielle Rechtmäßigkeit

I. Anlage iSd § 3 V BImSchG

II. Genehmigungsbedürftigkeit (vgl. § 4 I 3 BImSchG iVm 4. BImSchVO)

III. Genehmigungsfähigkeit (§ 6 I BImSchG)

1. Schutzgrundsatz (§ 5 I Nr. 1 BImSchG)

2. Vorsorgegrundsatz (§ 5 I Nr. 2 BImSchG)

3. Abfallvermeidungs- und Entsorgungsgrundsatz (§ 5 I Nr. 3 BImSchG)

4. Gebot der sparsamen und effizienten Energieverwendung (§ 5 I Nr. 4 BImSchG)

5. Anforderungen nach § 6 I Nr. 1 iVm RVO nach § 7 BImSchG

6. Sonstige Anforderungen (§ 6 I Nr. 2 BImSchG; vgl. auch § 13 S. 1 BImSchG)

D. Rechtsfolge: gebundene Entscheidung

Rechtswirkung: Konzentrationswirkung nach § 13 S. 1 BImSchG; ggf. privatrechtsgestaltende Wirkung nach § 14 BImSchG

II. Nachträglich Anordnung nach BImSchG

414   **A. Ermächtigungsgrundlage: § 24 S. 1 BImSchG**

B. Formelle Rechtmäßigkeit

    I. Zuständigkeit

        1. sachlich: nach Landesrecht[74]

        2. örtlich: § 3 I Nr. 2 LVwVfG/BVwVfG

    II. Verfahren: Anhörung gem. § 28 I BVwVfG/LVwVfG

    III. Form (§§ 37 S. 1, 39 BVwVfG/LVwVfG)

C. Materielle Rechtmäßigkeit

    I. Nicht-genehmigungsbedürftige Anlage

    II. Verstoß gegen Betreiberpflicht

D. Rechtsfolge: Ermessensentscheidung

III. Abfallrechtliche Maßnahmen

415   Abfall

Stoffe oder Gegenstände (= bewegliche Sachen; (-) bei fließendem Gewässer), deren sich der Besitzer *entledigt, entledigen will* oder *entledigen muss* (§ 3 I 1 KrWG).

Eine *Entledigung* ist anzunehmen, wenn der Besitzer Stoffe oder Gegenstände einer Verwertung iSd Anlage 2 oder einer Beseitigung iSd Anlage 1 zuführt oder die tatsächliche Sachherrschaft über sie unter Wegfall jeder weiteren Zweckbestimmung aufgibt (§ 3 II KrWG).

Der *Wille zur Entledigung* iSd Absatzes 1 ist hinsichtlich solcher Stoffe oder Gegenstände anzunehmen,

    1. die bei der Energieumwandlung, Herstellung, Behandlung oder Nutzung von Stoffen oder Erzeugnissen oder bei Dienstleistungen anfallen, ohne dass der Zweck der jeweiligen Handlung hierauf gerichtet ist, oder

---

[74] Für NRW § 1 ZustVU NRW; für Baden-Württemberg § 1 BImSchZuVO BW; für Bayern Art. 1 BayImSchG.

2. deren ursprüngliche Zweckbestimmung entfällt oder aufgegeben wird, ohne dass ein neuer Verwendungszweck unmittelbar an deren Stelle tritt.

Für die Beurteilung der Zweckbestimmung ist die Auffassung des Erzeugers oder Besitzers unter Berücksichtigung der Verkehrsanschauung zugrunde zu legen (§ 3 III KrWG).

Der Besitzer *muss* sich Stoffen oder Gegenständen iSd Absatzes 1 *entledigen*, wenn diese nicht mehr entsprechend ihrer ursprünglichen Zweckbestimmung verwendet werden, auf Grund ihres konkreten Zustandes geeignet sind, gegenwärtig oder künftig das Wohl der Allgemeinheit, insb. die Umwelt, zu gefährden und deren Gefährdungspotenzial nur durch eine ordnungsgemäße und schadlose Verwertung oder gemeinwohlverträgliche Beseitigung nach den Vorschriften dieses Gesetzes und der auf Grund dieses Gesetzes erlassenen Rechtsverordnungen ausgeschlossen werden kann (§ 3 IV KrWG).

Verwertung	ist jedes Verfahren, als dessen Hauptergebnis die Abfälle innerhalb der Anlage oder in der weiteren Wirtschaft einem sinnvollen Zweck zugeführt werden, indem sie entweder andere Materialien ersetzen, die sonst zur Erfüllung einer bestimmten Funktion verwendet worden wären, oder indem die Abfälle so vorbereitet werden, dass sie diese Funktion erfüllen. Anlage 2 enthält eine nicht abschließende Liste von Verwertungsverfahren (§ 3 XXIII KrWG).	**416**
Beseitigung	ist jedes Verfahren, das keine Verwertung ist, auch wenn das Verfahren zur Nebenfolge hat, dass Stoffe oder Energie zurückgewonnen werden. Anlage 1 enthält eine nicht abschließende Liste von Beseitigungsverfahren (§ 3 XXVI KrWG).	**417**
Erzeuger von Abfällen	ist jede natürliche oder juristische Person, 1. durch deren Tätigkeit Abfälle anfallen (Ersterzeuger) oder	**418**

		2. die Vorbehandlungen, Mischungen oder sonstige Behandlungen vornimmt, die eine Veränderung der Beschaffenheit oder der Zusammensetzung dieser Abfälle bewirken (Zweiterzeuger) (§ 3 VIII KrWG).
419	Besitzer von Abfällen	ist jede natürliche oder juristische Person, die die tatsächliche Sachherrschaft über Abfälle hat (§ 3 IX KrWG), ohne dass ein Besitzbegründungswille bestehen muss.

420

A. Ermächtigungsgrundlage: § 62 KrWG

B. Formelle Rechtmäßigkeit

   I. Zuständigkeit

      1. sachlich: nach Landesrecht[75]

      2. örtlich: § 3 I Nr. 2 LVwVfG/BVwVfG

   II. Verfahren: Anhörung gem. § 28 I BVwVfG/LVwVfG

C. Materiellrechtliche Maßnahmen

   I. Abfall

   II. Verletzung einer abfallrechtlichen Pflicht

      1. Verwertungspflicht nach § 7 II KrWG

      2. Beseitigungspflicht nach § 15 I KrWG

      3. Überlassungspflicht nach § 17 I KrWG

   III. Richtiger Adressat

      1. Abfallerzeuger

      2. Abfallbesitzer

D. Rechtsfolge

   I. Entschließungsermessen

   II. Auswahlermessen

---

[75] Für NRW § 1 ZustVU NRW; für Baden-Württemberg § 23 LAbfG BW; für Bayern § 4 AbfZustV.

G. Beamtenrecht

Hinweis: Zu beachten ist, dass das Beamtenrecht in § 126 BRRG eine auf- **421**
drängende Sonderzuweisung vorsieht.

Beamtenernennung

A. Ermächtigungsgrundlage: § 10 I Nr. 1 BBG **422**

B. Formelle Rechtmäßigkeit

  I. Zuständigkeit (Art. 60 GG iVm § 12 I BBG)

  II. Verfahren

  III. Form und Bestimmtheit (§ 10 II BBG)

  IV. Wirksamkeitsfrist (§ 12 II 2 BBG)

C. Materielle Rechtmäßigkeit

  I. Sachliche Voraussetzungen

    1. Dienstherrnfähigkeit (§ 2 BBG)

    2. Wahrnehmung von Hoheitsaufgaben (§ 5 BBG)

  II. Persönliche Voraussetzungen

    1. deutsche oder unionsstaatliche Staatsangehörigkeit (§ 7 I Nr. 1 BBG)

    2. Verfassungstreue (§ 7 I Nr. 2 BBG, § 4 I Nr. 2; § 6 I Nr. 2 LBG)

    3. spezifische Voraussetzungen für die Art des zu begründenden Beamtenverhältnisses (§ 7 I Nr. 3 BBG, § 4 I Nr. 3 LBG)

    4. Eignung i.w.S. (Befähigung, fachliche Leistung, Eignung i.e.S.) (§ 9 S. 1 BBG, § 8 IV LBG)

    5. Geschäftsfähigkeit (Ernennung ist mitwirkungsbedürftiger VA)

    6. Amtsfähigkeit (Umkehrschluss aus § 13 I Nr. 3b BBG, § 45 StGB)

    7. Alter

    8. Inkompatibilität (vgl. Art. 137 GG)

  III. Spezialregelungen für Beamte mit besonderer Rechtsstellung

  IV. haushaltsrechtliche Voraussetzungen

D. Rechtsfolge: Ermessen

   I. Ausübung des Ernennungsermessens

  II. Einschränkung des Ernennungsermessens (Frauenförderung)

H. Ausländerrecht

I. Ausweisung

423	Ius sanguinis	„Recht des Blutes": Erwerb der Staatsangehörigkeit durch Abstammung
424	Ius soli	„Recht des Bodens": Erwerb der Staatsangehörigkeit durch Geburt auf dem Territorium des Landes

425   **A. Ermächtigungsgrundlage: § 58 I AufenthG**

B. Formelle Rechtmäßigkeit

   I. Zuständigkeit: § 71 I AufenthG

  II. Verfahren: u.a. § 72 IV AufenthG

 III. Form: § 77 I AufenthG

C. Materielle Rechtmäßigkeit

   I. Ausreisepflicht, §§ 50 ff. AufenthG

  II. Vollziehbarkeit der Ausreisepflicht

     1. Unerlaubte Einreise, § 58 II 1 Nr. 1 iVm § 14 I AufenthG oder

     2. Erforderlicher, aber fehlender Arbeitstitel, § 58 II 1 Nr. 2 AufenthG oder

     3. Anerkennung einer Rückführungsentscheidung, § 58 II 1 Nr. 3 AufenthG

 III. Abschiebungsgrund

     1. Nicht gesicherte Erfüllung der Ausreisepflicht, § 58 I 1 Alt. 1 AufenthG oder

2. Überwachungsbedürftigkeit, § 58 I 1 Alt. 2 iVm III AufenthG

IV. Kein Abschiebungshindernis, § 60 AufenthG

II. Aufenthaltserlaubnis

A. Ermächtigungsgrundlage: §§ 7, 9 AufenthG   **426**

B. Formelle Rechtmäßigkeit

  I. Zuständigkeit

    1. sachlich: § 71 I 1 AufenthG iVm Landesrecht[76]

    2. örtlich: nach Landesrecht[77]

  II. Beteiligung anderer Stellen: §§ 72 ff. AufenthG

C. Materielle Rechtmäßigkeit

  I. Allgemeine Voraussetzungen (§ 5 AufenthG)

    1. Sicherung des Lebensunterhalts

    2. Kein objektiver Ausweisungsgrund

  II. Besondere Voraussetzungen des jeweiligen Titels (zB § 27 Ia AufenthG)

  III. Keine Versagungsgründe

    1. § 5 IV iVm § 54 Nr. 5 AufenthG

    2. § 10 III 2 AufenthG

    3. § 11 I 2 AufenthG

D. Rechtsfolge

i.d.R. Ermessen; ausnahmsweise gebundene Entscheidung (§ 30 I AufenthG)

---

[76] Für NRW § 1 ZustAVO; für Baden-Württemberg § 2 AAZuVO; für Bayern § 1 ZustVAuslR.

[77] Für NRW § 4 I OBG NRW; für Baden-Württemberg § 3 AAZuVO; für Bayern § 5 ZustVAuslR.

I. Straßenrecht

Sondernutzungserlaubnis

427	Öffentliche Straße	Straßen, Wege und Plätze, die dem öffentlichen Verkehr gewidmet sind.
428	Gemeingebrauch	Jedermann gewährte öffentlich-rechtliche Berechtigung, die öffentliche Straße ohne besondere Zulassung zu benutzen. Sein Inhalt und Umfang werden abstrakt durch das Gesetz umrissen und durch die Widmungsverfügung konkretisiert.
429	Erweiterter Gemeingebrauch (auch Anliegergebrauch)	Recht für Straßenanlieger, in geschlossener Ortslage die an die Grundstücke angrenzenden Straßenteile grundsätzlich über den Gemeingebrauch hinaus zu benutzen, vgl. § 14a StrWG NRW.
430	Kommunikativer Gemeingebrauch	Nutzungen der Straße über eine bloße Ortsveränderung und zum Aufenthalt hinaus als Stätten des Informations- und Meinungsaustauschs sowie der Pflege menschlicher Kontakte.
	Sondernutzung	Die Benutzung der Straßen über den Gemeingebrauch ist Sondernutzung (§ 8 I 1 FStrG sowie landesrechtliche Regelungen; bspw. § 14 I 1 StrWG NRW).

A. Ermächtigungsgrundlage: StrWG der Länder,[78] § 8 I 2 FStrG

B. Formelle Rechtmäßigkeit

  I. Zuständigkeit

    1. sachlich: nach § 8 I 2 FStrG Straßenbaubehörde oder Gemeinde; nach StrWG Straßenbaubehörden[79]

    2. örtlich:§ 3 I Nr. 1 LVwVfG/BVwVfG

  II. Verfahren

---

[78] Für NRW § 18 I 2 StrWG NRW; für Baden-Württemberg § 16 I 1 StrG BW; für Bayern Art. 18 I 1 BayStrWG.

[79] Für NRW §§ 18 I 2, 56 StrWG NRW; für Baden-Württemberg §§ 16 II 1, 50 trG; für Bayern Art. 18 I 1, 58 BayStrWG.

C. Materielle Rechtmäßigkeit

  I. Anwendbarkeit des Gesetzes

    1. des FStrG

    2. der LStrWG

      a) Öffentliche Straßen

      b) die keine Bundesfernstraßen sind

  II. Sondernutzung (↔ Gemeingebrauch, gesteigerter Gemeingebrauch, kommunikativer Gemeingebrauch)

D. Rechtsfolge: Ermessen

Sechster Abschnitt: Verwaltungsprozessrecht

A. Anfechtungsklage

A. Zulässigkeit

Klausurhinweis: Im Folgenden sind die Punkte IV 1., 3.–6. nicht zwingend zu prüfen (*Maurer*, AllgVerwR, § 10 Rn. 29).

- [0. Deutsche Gerichtsbarkeit (§§ 18, 19 GVG analog)]
- I. Eröffnung des Verwaltungsrechtswegs
  - 1. Keine aufdrängende Sonderzuweisung
  - 2. § 40 I 1 VwGO
    - a) Vorliegen einer öffentlich-rechtlichen Streitigkeit
    - b) Nicht-verfassungsrechtlicher Art
  - 3. Keine abdrängende Sonderzuweisung (§ 40 II VwGO)
- II. Statthafte Klageart (§ 42 I VwGO)
  - 1. Verwaltungsakt → § 35 S. 1 LVwVfG/BVwVfG oder Teil eines VA („soweit")
  - 2. Klagebegehren ist auf Aufhebung eines VA gerichtet.
- III. Besondere Sachentscheidungsvoraussetzungen
  - 1. Klagebefugnis (§ 42 II VwGO)
  - 2. Ordnungsgemäße Durchführung des Vorverfahrens (§§ 68, 70 I 1 VwGO) → s. unter Rn. 433.
  - 3. Frist (§ 74 [evtl. iVm § 58 II] VwGO)
- IV. Sonstige allgemeine Sachentscheidungsvoraussetzungen
  - 1. Zuständiges Gericht
    - a) Sachliche Zuständigkeit (§§ 45 ff. VwGO iVm Landesrecht)
    - b) Örtliche Zuständigkeit (§§ 52 ff. VwGO)
  - 2. Beteiligtenfähigkeit (§ 61 VwGO) und Prozessfähigkeit (§ 62 VwGO) bzw. ordnungsgemäße Prozessvertretung

   3. Prozessführungsbefugnis (§ 78 VwGO)

   4. Allgemeines Rechtsschutzbedürfnis

   5. Ordnungsgemäße Klageerhebung (§ 82 VwGO)

   6. Fehlen einer anderweitigen Rechtshängigkeit (§ 90 II VwGO) und einer rechtskräftigen Entscheidung in derselben Sache (vgl. § 121 VwGO)

B. Ggf. Beiladung

C. Begründetheit

Die Klage ist begründet, soweit der Erlass des VA rechtswidrig und der Kläger dadurch in seinen Rechten verletzt ist, vgl. § 113 I 1 VwGO.

   I. Rechtswidrigkeit des Verwaltungsaktes

   II. Verletzung subjektiver Rechte des Klägers (korrespondiert mit Klagebefugnis)

D. Entscheidung

   I. (Teil-)Aufhebung des VA nach § 113 I 1 VwGO

   II. Evtl. prozessuale Kombination mit FBA (S. 2).

B. Verpflichtungsklage

432   **A. Zulässigkeit**

Klausurhinweis: Im Folgenden sind die Punkte IV 1., 3.–6. nicht zwingend zu prüfen (*Maurer*, AllgVerwR, § 10 Rn. 29f).

   [0. Deutsche Gerichtsbarkeit (§§ 18, 19 GVG analog)]

   I. Eröffnung des Verwaltungsrechtswegs

     1. Keine aufdrängende Sonderzuweisung

     2. § 40 I 1 VwGO

       a) Vorliegen einer öffentlich-rechtlichen Streitigkeit

       b) Nicht-verfassungsrechtlicher Art

     3. Keine abdrängende Sonderzuweisung (§ 40 II VwGO)

   II. Statthafte Klageart (§ 42 I VwGO)

1. Verwaltungsakt → § 35 S. 1 BVwVfG/LVwVfG oder Teil eines VA („soweit")

2. Klagebegehren ist auf Erlass eines VA gerichtet.

III. Besondere Sachentscheidungsvoraussetzungen

1. Klagebefugnis (§ 42 II VwGO)

2. Ordnungsgemäße Durchführung des Vorverfahrens (§§ 68, 70 I 1 VwGO) → s. Rn. 433.

3. Frist (§ 74 VwGO)

IV. Sonstige allgemeine Sachentscheidungsvoraussetzungen

1. Zuständiges Gericht

a) Sachliche Zuständigkeit (§§ 45 ff. VwGO)

b) Örtliche Zuständigkeit (§§ 52 ff. VwGO)

2. Beteiligtenfähigkeit (§ 61 VwGO) und Prozessfähigkeit (§ 62 VwGO) bzw. ordnungsgemäße Prozessvertretung

3. Prozessführungsbefugnis (§ 78 VwGO)

4. Allgemeines Rechtsschutzbedürfnis

5. Ordnungsgemäße Klageerhebung (§ 82 VwGO)

6. Fehlen einer anderweitigen Rechtshängigkeit (§ 90 II VwGO) und einer rechtskräftigen Entscheidung in derselben Sache (vgl. § 121 VwGO)

B. Ggf. Beiladung

C. Begründetheit

Die Klage ist begründet, soweit die Unterlassung/Versagung des (nebenbestimmungsfreien) VA rechtswidrig und der Kläger dadurch in seinen Rechten verletzt ist, vgl. § 113 V VwGO (*man prüft in der Sache, ob die Beklagte den begehrten VA erlassen kann und ggf. muss*).

I. Anspruch auf Erlass des VA

II. Verletzung subjektiver Rechte des Klägers (korrespondiert mit Klagebefugnis)

III. Spruchreife

D. Entscheidung

C. Widerspruch

433 **A. Zulässigkeit**

 I. Statthaftigkeit des Widerspruchs

 II. Formgerechte Einlegung des Widerspruchs (§ 70 VwGO)

 III. Vorliegen einer öffentlich-rechtlichen Streitigkeit analog § 40 I VwGO

 IV. Vorliegen eines widerspruchsfähigen VAs gem. § 68 VwGO, der sich nicht erledigt hat

 V. Einlegung des Widerspruchs bei der zuständigen Behörde (Ausgangs- oder Widerspruchsbehörde), (§§ 70, 73 VwGO)

 VI. Beteiligtenfähigkeit gem. § 79 VwVfG iVm § 11 VwVfG; Handlungsfähigkeit (§ 79 VwVfG iVm § 12 VwVfG) sowie evtl. Hinzuziehung von Bevollmächtigten und Beiständen (§ 79 VwVfG iVm § 14 VwVfG)

 VII. Widerspruchsbefugnis analog § 42 II VwGO

 VIII. Widerspruchsinteresse, für das die Grundsätze über das Rechtsschutzbedürfnis im gerichtlichen Verfahren entsprechend Anwendung finden

 IX. Widerspruchsfrist gem. §§ 70, 58 VwGO

B. Begründetheit

C. Entscheidung

D. Fortsetzungsfeststellungsklage

434 Erledigung | Wegfall der rechlichen Beschwer aus tatsächlichen oder rechtlichen Gründen.

435 **A. Zulässigkeit**

Klausurhinweis: Im Folgenden sind die Punkte IV 1., 3.–6. nicht zwingend zu prüfen.

 [0. Deutsche Gerichtsbarkeit (§§ 18, 19 GVG analog)]

 I. Eröffnung des Verwaltungsrechtswegs

1. Keine aufdrängende Sonderzuweisung

2. § 40 I 1 VwGO

   a) Vorliegen einer öffentlich-rechtlichen Streitigkeit

   b) Nicht-verfassungsrechtlicher Art

3. Keine abdrängende Sonderzuweisung (§ 40 II VwGO)

II. Statthafte Klageart (§ 113 I 4 VwGO, ggf. analog)

1. Erledigung des VA (grds. vor Klageerhebung; analoge Anwendung bei Erledigung nach Klageerhebung)

2. Klagebegehren ist auf Feststellung der Nichtigkeit des VA gerichtet.

III. Besondere Sachentscheidungsvoraussetzungen

1. Klagebefugnis (§ 42 II VwGO analog; str. bei Erledigung nach Klageerhebung)

2. Ordnungsgemäße Durchführung des Vorverfahrens (§§ 68, 70 I 1 VwGO) (str. bei Erledigung nach Klageerhebung)

3. Frist (§ 74 VwGO) (str.). bei Erledigung nach Klageerhebung)

4. Besonderes Feststellungsinteresse

   Fallgruppen: konkrete Wiederholungsgefahr, sich typischerweise kurzfristig erledigende Grundrechtseingriffe, Vorbereitung von Amtshaftungsprozessen, (nur bei Erledigung vor Klageerhebung), Rehabilitierungsinteresse

IV. Sonstige allgemeine Sachentscheidungsvoraussetzungen

1. Zuständiges Gericht

   a) Sachliche Zuständigkeit (§§ 45 ff. VwGO)

   b) Örtliche Zuständigkeit (§§ 52 ff. VwGO)

2. Beteiligtenfähigkeit (§ 61 VwGO) und Prozessfähigkeit (§ 62 VwGO) bzw. ordnungsgemäße Prozessvertretung

3. Prozessführungsbefugnis (§ 78 VwGO)

4. Allgemeines Rechtsschutzbedürfnis

    5. Ordnungsgemäße Klageerhebung (§ 82 VwGO)

    6. Fehlen einer anderweitigen Rechtshängigkeit (§ 90 II VwGO) und einer rechtskräftigen Entscheidung in derselben Sache (vgl. § 121 VwGO)

B. Ggf. Beiladung

C. Begründetheit

    I. Rechtswidrigkeit des Verwaltungsaktes

    II. Verletzung subjektiver Rechte des Klägers (korrespondiert mit Klagebefugnis)

D. Entscheidung

E. Feststellungsklage

436	Öffentlich-rechtliches Rechtsverhältnis	Jede durch öffentlich-rechtliche Norm, durch öffentlich-rechtlichen Vertrag oder Verwaltungsakt begründete rechtliche Beziehung zwischen zwei Rechtssubjekten oder einem Rechtssubjekt und einer Sache.
437	Feststellungsinteresse	Jedes schutzwürdige rechtliche, wirtschaftliche, persönliche und sogar ideelle Interesse.

438   **A. Zulässigkeit**

Klausurhinweis: Im Folgenden sind die Punkte IV 1., 3.–6. nicht zwingend zu prüfen.

    [0. Deutsche Gerichtsbarkeit (§§ 18, 19 GVG analog)]

    I. Eröffnung des Verwaltungsrechtswegs

        1. Keine aufdrängende Sonderzuweisung

        2. § 40 I 1 VwGO

            a) Vorliegen einer öffentlich-rechtlichen Streitigkeit

            b) Nicht-verfassungsrechtlicher Art

        3. Keine abdrängende Sonderzuweisung (§ 40 II VwGO)

    II. Statthafte Klageart (§ 43 I VwGO)

        1. Bestehen oder Nichtbestehen eines Rechtsverhältnisses (§ 43 I Alt. 1 VwGO)

a) öffentlich-rechtliches Rechtsverhältnis

b) hinreichend konkretes Rechtsverhältnis

c) keine Subsidiarität nach § 43 II 1 VwGO

2. Nichtigkeit eines Verwaltungsakts (§ 43 I Alt. 2 VwGO

III. Besondere Sachentscheidungsvoraussetzungen

1. Klagebefugnis (§ 42 II VwGO analog; str.)

2. Berechtigtes Feststellungsinteresse

IV. Sonstige allgemeine Sachentscheidungsvoraussetzungen

1. Zuständiges Gericht

a) Sachliche Zuständigkeit (§§ 45 ff. VwGO)

b) Örtliche Zuständigkeit (§§ 52 ff. VwGO)

2. Beteiligtenfähigkeit (§ 61 VwGO) und Prozessfähigkeit (§ 62 VwGO) bzw. ordnungsgemäße Prozessvertretung

3. Prozessführungsbefugnis (§ 78 VwGO)

4. Allgemeines Rechtsschutzbedürfnis

5. Ordnungsgemäße Klageerhebung (§ 82 VwGO)

6. Fehlen einer anderweitigen Rechtshängigkeit (§ 90 II VwGO) und einer rechtskräftigen Entscheidung in derselben Sache (vgl. § 121 VwGO)

B. Ggf. Beiladung

C. Begründetheit

Die Feststellungsklage ist begründet, soweit das behauptete Rechtsverhältnis besteht oder nicht besteht (Alt. 1) oder soweit der Verwaltungsakt nichtig ist (Alt. 2).

D. Entscheidung

F. Leistungsklage

A. Zulässigkeit   **439**

Klausurhinweis: Im Folgenden sind die Punkte IV 1., 3.–6. nicht zwingend zu prüfen.

[0. Deutsche Gerichtsbarkeit (§§ 18, 19 GVG analog)]

I. Eröffnung des Verwaltungsrechtswegs

   1. Keine aufdrängende Sonderzuweisung

   2. § 40 I 1 VwGO

      a) Vorliegen einer öffentlich-rechtlichen Streitigkeit

      b) Nicht-verfassungsrechtlicher Art

   3. Keine abdrängende Sonderzuweisung (§ 40 II VwGO)

II. Statthafte Klageart: Leistungsklage (in §§ 43 II, 111, 113 IV VwGO vorausgesetzt und durch Art. 19 IV GG geboten)

   1. Vornahmeklage

   2. Unterlassungsklage

III. Besondere Sachentscheidungsvoraussetzungen: Klagebefugnis analog § 42 II VwGO

IV. Allgemeine Sachentscheidungsvoraussetzungen

   1. Zuständiges Gericht

      a) Sachliche Zuständigkeit (§§ 45 ff. VwGO)

      b) Örtliche Zuständigkeit (§§ 52 ff. VwGO)

   2. Beteiligtenfähigkeit (§ 61 VwGO) und Prozessfähigkeit (§ 62 VwGO) bzw. ordnungsgemäße Prozessvertretung

   3. Prozessführungsbefugnis (§ 78 VwGO analog)

   4. Rechtsschutzbedürfnis

   5. Ordnungsgemäße Klageerhebung (§ 82 VwGO)

   6. Fehlen einer anderweitigen Rechtshängigkeit (§ 90 II VwGO) und einer rechtskräftigen Entscheidung in derselben Sache (vgl. § 121 VwGO)

B. Ggf. Beiladung

C. Begründetheit

Die allgemeine Leistungsklage ist begründet, wenn der geltend gemachte Anspruch auf Leistung bzw. Unterlassung besteht.

D. Entscheidung

G. Normenkontrolle

A. Zulässigkeit   **440**

Klausurhinweis: Im Folgenden sind die Punkte IV 1., 3.–6. nicht zwingend zu prüfen.

  [0. Deutsche Gerichtsbarkeit (§§ 18, 19 GVG analog)]

   I. Eröffnung des Verwaltungsrechtswegs

     1. Keine aufdrängende Sonderzuweisung

     2. § 47 I iVm § 40 I 1 VwGO

        a) Vorliegen einer öffentlich-rechtlichen Streitigkeit

        b) Nicht-verfassungsrechtlicher Art

     3. Keine abdrängende Sonderzuweisung (§ 40 II VwGO)

  II. Statthaftigkeit

     1. Verkündete Satzungen nach dem BauGB, § 47 I Nr. 1 VwGO

     2. andere im Rang unter dem Landesgesetz stehende Rechtsvorschriften, sofern das Landesrecht dies bestimmt[80]

 III. Besondere Sachentscheidungsvoraussetzungen

     1. Antragsbefugnis, § 47 II 1 VwGO

     2. Frist, § 47 II 1 VwGO

     3. Richtiger Antragsgegner, § 47 II 2 VwGO

 IV. Allgemeine Sachentscheidungsvoraussetzungen

     1. Zuständiges Gericht (§ 47 I iVm Landesrecht): OVG bzw. VGH

     2. Beteiligtenfähigkeit (§ 47 II 1, 2 VwGO *oder* § 61 VwGO) und Prozessfähigkeit (§ 62 VwGO) bzw. ordnungsgemäße Prozessvertretung

     3. Prozessführungsbefugnis (§ 47 II 2 VwGO)

---

[80] In NRW keine Bestimmung; für Baden-Württemberg § 4 AGVwGO BW; für Bayern Art. 5 AGVwGO BY.

4. Rechtsschutzbedürfnis

5. schriftlicher Antrag, § 47 II VwGO

6. Fehlen einer anderweitigen Rechtshängigkeit (§ 90 II VwGO) und einer rechtskräftigen Entscheidung in derselben Sache (vgl. § 121 VwGO)

B. Begründetheit

Der Antrag ist begründet, wenn die angegriffene Norm mit höherrangigem Recht nicht vereinbar und damit ungültig ist.

Im Gegensatz zu § 113 I 1 VwGO bedarf es einer tatsächlichen subjektiven Rechtsverletzung des Klägers nicht, da das Normenkontrollverfahren ein objektives Rechtsbeanstandungsverfahren ist (vgl. hierzu den Wortlaut des § 47 I VwGO).

C. Entscheidung

H. Einstweiliger Rechtsschutz

I. § 80 V VwGO

441   ## A. Zulässigkeit

Klausurhinweis: Im Folgenden sind die Punkte IV 1., 3., 5. nicht zwingend zu prüfen

[0. Deutsche Gerichtsbarkeit (§§ 18, 19 GVG analog)]

I. Eröffnung des Verwaltungsrechtswegs

1. Keine aufdrängende Sonderzuweisung

2. § 40 I 1 VwGO

a) Vorliegen einer öffentlich-rechtlichen Streitigkeit

b) Nicht-verfassungsrechtlicher Art

3. Keine abdrängende Sonderzuweisung (§ 40 II VwGO)

II. Statthaftigkeit

1. Anfechtungssituation

2. Kein Suspensiveffekt

III. Besondere Sachentscheidungsvoraussetzungen

   1. Nicht offensichtlich unzulässige Klageerhebung

   2. Antragsbefugnis (§ 42 II VwGO analog)

IV. Allgemeine Sachentscheidungsvoraussetzungen

   1. Zuständiges Gericht

      a) Sachliche Zuständigkeit (§§ 45 ff. VwGO)

      b) Örtliche Zuständigkeit (§§ 52 ff. VwGO)

   2. Beteiligtenfähigkeit (§ 61 VwGO) und Prozessfähigkeit (§ 62 VwGO) bzw. ordnungsgemäße Prozessvertretung

   3. Prozessführungsbefugnis (§ 78 VwGO)

   4. Rechtsschutzbedürfnis

      a) Vorheriger Antrag bei Behörde (str.)

      b) Rechtsbehelf eingelegt

   5. Ordnungsgemäßer Antrag (§ 82 VwGO analog)

B. Begründetheit

Dabei ist zu prüfen, ob das öffentliche Interesse an einer Vollziehung des VA die Interessen des Antragstellers überwiegt. Das ist insb. dann nicht der Fall, wenn eine *summarische Prüfung* der Erfolgsaussichten des Rechtsbehelfs in der Hauptsache ergibt, dass erkennbare Zweifel an der Rechtmäßigkeit des VA bestehen.

C. Entscheidung

II. Anordnung sofortiger Vollziehung (§ 80 II Nr. 4 VwGO)

A. Ermächtigungsgrundlage: § 80 II Nr. 4 VwGO   **442**

B. Formelle Rechtmäßigkeit

   I. Zuständigkeit der Behörde, die den VA erlassen hat

   II. Verfahren, insb. Anhörung nach § 28 I VwVfG analog (str.)

   III. Form: Schriftliche Begründung des öffentlichen Interesses

C. Materielle Rechtmäßigkeit

I. Rechtmäßigkeit des VA, der für sofort vollziehbar erklärt werden soll

II. Abwägung: Vollzugsinteresse der Behörde oder eines Dritten muss das Aussetzungsinteresse des Adressaten überwiegen

D. Entscheidung

III. § 123 VwGO

443 **A. Zulässigkeit**

Klausurhinweis: Im Folgenden sind die Punkte IV 1., 3., 5. nicht zwingend zu prüfen.

[0. Deutsche Gerichtsbarkeit (§§ 18, 19 GVG analog)]

I. Eröffnung des Verwaltungsrechtswegs

1. Keine aufdrängende Sonderzuweisung

2. § 40 I 1 VwGO

a) Vorliegen einer öffentlich-rechtlichen Streitigkeit

b) Nicht-verfassungsrechtlicher Art

3. Keine abdrängende Sonderzuweisung (§ 40 II VwGO)

II. Statthaftigkeit

1. § 123 V VwGO (Abgrenzung zu §§ 80, 80a VwGO)

2. Bestimmung der statthaften Anordnungsart

a) Sicherungsanordnung (§ 123 I 1 VwGO)

b) Regelungsanordnung (§ 123 I 2 VwGO)

III. Besondere Sachentscheidungsvoraussetzungen

Antragsbefugnis (§ 42 II VwGO analog)

IV. Allgemeine Sachentscheidungsvoraussetzungen

1. Zuständiges Gericht (§ 123 II 1, 2 iVm §§ 45 ff. VwGO)

2. Beteiligtenfähigkeit (§ 61 VwGO) und Prozessfähigkeit (§ 62 VwGO) bzw. ordnungsgemäße Prozessvertretung

3. Prozessführungsbefugnis (§ 78 VwGO)

4. Rechtsschutzbedürfnis

5. Form (§ 123 III VwGO iVm § 920 I, III ZPO)

B. Begründetheit

I. Glaubhaftmachung des Anordnungsanspruchs

II. Glaubhaftmachung des Anordnungsgrunds (Eilbedürftigkeit)

    1. Bei Sicherungsanordnung: Gefahr der Vereitelung oder
Erschwerung des Rechts infolge drohender Veränderung
des Status Quo

    2. bei Regelungsanordnung: Drohen wesentlicher Nachteile
oder von Gefahr oder sonstige Gründe für Eilbedürftige

III. Verbot der Vorwegnahme der Hauptsache

C. Entscheidung

Siebter Abschnitt: Europarecht

A. Grundfreiheiten

I. Warenverkehrsfreiheit (Art. 34 ff. AEUV)

Unionsware	*Ware* ist grds. jeder körperliche Gegenstand, der einen Geldwert hat und Gegenstand eines Handelsgeschäfts sein kann. Der *unionsrechtliche* Bezug ergibt sich daraus, dass die Ware entweder aus einem Mitgliedstaat stammt oder zwar aus einem Drittstaat stammt, sich aber gem. Art. 29 AEUV in einem Mitgliedstaat im freien Verkehr befindet.	**444**
Handelsbeschränkung	Mengenmäßige Beschränkung der Ein- und Ausfuhr von Waren	**445**
Maßnahme gleicher Wirkung	Jede Maßnahme, die unmittelbar, mittelbar, tatsächlich oder potenziell den Binnenhandel behindern kann (*Dassonville*-Formel). Ausgenommen hiervon sind diskriminierungsfreie Verkaufsmodalitäten (*Keck*-Formel).	**446**

A. Schutzbereich   **447**

  I. Unionsware

  II. grenzüberschreitender Sachverhalt: Ware muss die Grenze eines Mitgliedstaates überschreiten

B. Eingriff

Jede staatliche Maßnahme in Form einer Handelsbeschränkung oder jede Maßnahme gleicher Wirkung (Art. 34, 35 AEUV)

C. Rechtfertigung

  I. Ausnahme nach Art. 36 AEUV

  II. Verhältnismäßigkeit (Cassis-Rechtsprechung)

II. Arbeitnehmerfreizügigkeit (Art. 45 ff. AEUV)

448	Arbeitnehmer	Jede natürliche Person, die Staatsangehöriger eines Mitgliedstaates ist, weisungsgebunden, d.h. unselbstständig, Leistungen von einem gewissen wirtschaftlichen Wert für einen anderen erbringt und als Gegenleistung eine Vergütung erhält (daher auch: Beamte, Referendare, Auszubildende), soweit sie nicht unter Art. 45 IV AEUV fallen (Beschäftigte der öffentlichen Verwaltung, die unmittelbar hoheitliche Gewalt ausüben; bspw. Richter, Polizisten, Soldaten).
449	Arbeitsbeschränkung	Unterschiedslos geltende Maßnahme, die Unionsbürger davon abhalten, von ihren Rechten aus Art. 45 AEUV Gebrauch zu machen.
450	Maßnahme gleicher Wirkung	Nicht lediglich Beschäftigungsmodalitäten (Keck)

451 **A. Schutzbereich**

    I. Arbeitnehmer

    II. Grenzüberschreitender Sachverhalt

B. Eingriff

Jede staatliche Maßnahme in Form einer Arbeitsbeschränkung oder Maßnahme gleicher Wirkung

C. Rechtfertigung

    I. Art. 45 III AEUV *oder* sonstige zwingende Gründe des Allgemeinwohls (Cassis) *und*

    II. Verhältnismäßigkeit

III. Niederlassungsfreiheit (Art. 49 ff. AEUV)

452	Niederlassung	Aufnahme und Ausübung selbständiger Erwerbstätigkeiten, d.h. der Ort, von dem aus ein Unionsbürger in regelmäßiger Wiederkehr und kontinuierlich weisungsunabhängig sein Gewerbe oder seinen Berufs ausübt, soweit die Tätigkeit nicht dauernd oder zeitweise mit

der Ausübung öffentlicher Gewalt verbunden ist.

A. Schutzbereich 453

   I. Niederlassung

   II. Grenzüberschreitender Sachverhalt

B. Eingriff

Jede staatliche Maßnahme in Form einer Beschränkung der Niederlassungsfreiheit oder Maßnahme gleicher Wirkung.

C. Rechtfertigung

s.o.

IV. Dienstleistungsfreiheit (Art. 56 ff. AEUV)

| Dienstleistung | Jede gegen Entgelt erbrachte Leistung, soweit sie nicht den Vorschriften über den freien Waren- und Kapitalverkehr oder die Freizügigkeit der Personen unterliegen; beispielhafte Aufzählung in Art. 57 II AEUV. | 454 |

A. Schutzbereich 455

   I. Dienstleistung

   II. Grenzüberschreitender Sachverhalt

B. Eingriff

Jede staatliche Maßnahme in Form einer Beschränkung des freien Dienstleistungsverkehrs oder Maßnahme gleicher Wirkung.

C. Rechtfertigung

   I. Art. 62 AEUV iVm Art. 52 I AEUV *oder* zwingende Gründe des Allgemeinwohls (Cassis) *und*

   II. Verhältnismäßigkeit

V. Kapitalverkehrsfreiheit (Art. 63 ff. AEUV)

456	Kapitalverkehr	Jede einseitige Wertübertragung von Sach- oder Gelkapital von einem Mitgliedstaat in einen anderen, die zugleich eine Vermögensanlage darstellt, zB Immobilienerwerb, Unternehmensbeteiligungen, Wertpapiere.
457	Zahlungsverkehr	Grenzüberschreitende Übertragung von Zahlungsmitteln iS einer Gegenleistung bspw. für Warenlieferungen oder Dienstleistungen.

458   **A. Schutzbereich**

    I. Kapitalverkehr oder Zahlungsverkehr

    II. Grenzüberschreitender Sachverhalt

B. Eingriff

Jede staatliche Maßnahme in Form einer Beschränkung des freien Kapital- und Zahlungsverkehrs sowie Maßnahme gleicher Wirkung.

C. Rechtfertigung

    I. Rechtfertigungsgründe nach Art. 64, 65 AEUV oder zwingende Gründe des Allgemeinwohls (Cassis) und

    II. Verhältnismäßigkeit

VI. Allgemeines Diskriminierungsverbot nach Art. 18 I AEUV

459	Diskriminierung	*Offene*: Differenzierung anhand Staatsangehörigkeit; *versteckte*: Differenzierung anhand anderer Kriterien, die sich aber faktisch weit überwiegend oder typischerweise auf fremde Staatsangehörige auswirkt.

460   **A. Schutzbereich**

    I. Sachverhalt mit Anknüpfungsmoment im Unionsrecht

    II. Subsidiarität gegenüber besonderen Diskriminierungsverboten

B. Eingriff: Diskriminierung

C. Rechtfertigung

  I. Objektive, von der Staatsangehörigkeit des Betroffenen unabhängige Erwägungen

  II. Verhältnismäßigkeit

B. Grundrechte

I. Freiheitsrechte

A. Vorprüfung: Anwendbarkeit der GrCh („Anwendbarkeit des Unionsrechts"; Art. 51 GrCh)   **461**

B. Eröffnung des Schutzbereichs

  I. Persönlicher Schutzbereich

  II. Sachlicher Schutzbereich

C. Eingriff

D. Verfassungsrechtliche Rechtfertigung

  I. Einschränkbarkeit des Grundrechts, d.h. allgemeiner (Art. 52 I 1, 2 GrCh) oder spezieller (bspw. Art. 17 I 3 GrCh) Schrankenvorbehalt oder kollidierendes Verfassungsrecht

  II. Verfassungsgemäße Konkretisierung durch Gesetz (vgl. hierzu Art. 289, 294 AEUV)

    1. Verfassungsmäßigkeit bzw. Rechtmäßigkeit des Gesetzes

    2. (bei Schrankenvorbehalt) Vereinbarkeit des Gesetzes mit Vorgaben des Grundrechts

  III. Einzelmaßnahme als rechtmäßige Konkretisierung des Gesetzesvorbehalts

II. Gleichheitsrechte

A. Vorprüfung: Anwendbarkeit der GrCh („Anwendbarkeit des Unionsrechts"; Art. 51 GrCh)   **462**

B. Ungleichbehandlung

C. Unionsrechtliche Rechtfertigung

   I. Sachlicher Grund

  II. Verhältnismäßigkeit

C. Klagearten

I. Nichtigkeitsklage (Art. 263 f. AEUV)

463	Privilegierte Klageberechtigte	Europäisches Parlament, Rat der Europäischen Union und Mitgliedsstaaten: müssen keine besondere Klageberechtigung aufweisen.
464	Teilprivilegiert Klageberechtigte	Rechnungshof, Europäische Zentralbank und der Auschuss der Regionen: insoweit klageberechtigt, als sie durch die Klage auf die Wahrung ihrer Rechte abzielen.
465	Nichtprivilegiert Klageberechtigte	Natürliche und juristische Personen: müssen subjektive Betroffenheit darlegen
466	Unzuständigkeit	Ein Unionsorgan übt eine ihm nicht zugewiesene Befugnis aus.

467   **A. Zulässigkeit**

    I. Zuständiges Gericht

   II. Beteiligtenfähigkeit

     1. Aktiv klageberechtigt

     2. Passiv klageberechtigt: Rat, Kommission, EP, ER, EZP, Einrichtungen oder sonstige Stellen der Union

  III. Klagegegenstand

     1. Privilegiert sowie teilprivilegiert Klageberechtigte: Verbindliche Rechtsakte der Organe sowie Handlungen der Einrichtungen und sonstige Stellen der Union

     2. Nichtprivilegiert Klageberechtigte: An Kläger gerichtete Handlungen; sonstige Handlungen/an Dritte gerichtete Handlungen; Rechtsakte mit VO-Charakter, die keine Durchführungsmaßnahmen nach sich ziehen

IV. Klagebefugnis

1. Privilegierte Kläger: Ohne weitere Voraussetzungen

2. Teilprivilegierte Kläger, Nur klagebefugt, wenn Verletzung eigener Kompetenzen

3. Nichtprivilegierte Kläger

    a) Kein gesonderter Nachweis eines Interesses bei Klagen gegen an sie gerichtete Handlungen

    b) Unmittelbare und individuelle Betroffenheit, bei Klage gegen an Dritte gerichtete Handlungen

    c) Im Falle der Klageerhebung gegen Rechtsakte mit VO-Charakter, die keine Durchführungsmaßnahmen nach sich ziehen, ist die unmittelbare Betroffenheit des Klägers erforderlich

V. Geltendmachung eines Nichtigkeitsgrundes (s. hierzu die Begründetheit)

VI. Rechtsschutzbedürfnis: regelmäßig zu unterstellen

VII. Form und Frist

B. Begründetheit

I. Unzuständigkeit

II. Verletzung wesentlicher Formvorschriften

III. Verletzung der Verträge oder einer bei ihrer Durchführung anzuwendenden Rechtsnorm

IV. Ermessensmissbrauch

II. Untätigkeitsklage (Art. 265 f. AEUV)

Privilegierte Kläger	Mitgliedstaaten und Unionsorgane	**468**
Nicht privilegierte Kläger	Jede natürliche oder juristische Person	**469**

A. Zulässigkeit   **470**

I. Zuständiges Gericht

II. Beteiligtenfähigkeit

1. Aktiv klageberechtigt: Privilegierte und nicht privilegierte Kläger

2. Passiv klageberechtigt: Europäisches Parlament Europäischer Rat, Kommission, Europäische Zentralbank, Einrichtungen und sonstige Stellen der Union

III. Klagegegenstand

1. Privilegierte Kläger: Vertragswidrige Untätigkeit

2. Nicht privilegierte Kläger

   a) Vertragswidriges Unterlassen, einen anderen Akt als eine Empfehlung oder Stellungnahme an sie zu richten

   b) Vertragswidriges Unterlassen, einen anderen Akt als eine Empfehlung oder Stellungnahme an einen Dritten zu richten

IV. Klagebefugnis

1. Privilegierte Kläger: ohne weitere Voraussetzungen klagebefugt

2. Nicht privilegierte Kläger

   a) wenn das Unterlassen gerügt wird, einen anderen Akt als eine Empfehlung oder Stellungnahme an sie zu richten: ohne weitere Voraussetzungen

   b) an Dritte: Kläger muss unmittelbar und individuell betroffen sein

V. Vorverfahren nach Art. 265 II AEUV

VI. Rechtschutzbedürfnis: Subsidiarität gegenüber der Nichtigkeitsklage

VII. Form und Frist

B. Begründetheit

(+), wenn das beklagte Unionsorgan es unter Verletzung einer sich aus dem primären oder sekundären Unionsrecht ergebenden Handlungspflicht unterlassen hat, einen Beschluss zu fassen (Art. 265 I AEUV) bzw. einen verbindlichen Rechtsakt an den Kläger zu richten (Art. 265 III AEUV)

III. Vertragsverletzungsverfahren (Art. 258, 259 AEUV)

A. Zulässigkeit   471

  I. Zuständiges Gericht

  II. Beteiligtenfähigkeit

    1. Aktiv klageberechtigt: Kommission (Art. 258 AEUV)

    2. Passiv klageberechtigt: Mitgliedsstaaten (Art. 258, 259 AEUV)

  III. Klagegegenstand: Behauptung, Mitgliedstaat habe durch sein (oder ein ihm zurechenbares) Verhalten gegen eine Vertragsverpflichtung verstoßen

  IV. Klageberechtigung

  V. Vorverfahren

    1. Art. 258 AEUV

    Mahnschreiben der Kommission → Äußerung des MS → Stellungnahme → Bei Nichtbeachtung: Klage vor EuGH

    2. Art. 259 AEUV

    Befassung der Kommission durch Antrag eines MS (Kontradiktorisches Verfahren, in dem die Komission dem beteiligten MS Gelegenheit zur mündlichen und schriftlichen Äußerung gibt → Stellungnahme der Kommision

  VI. Rechtsschutzbedürfnis

  VII. Form und Frist

B. Begründetheit

(+), wenn gerügter Vertragsverstoß tatsächlich vorliegt und schlüssig ist.

IV. Vorabentscheidungsverfahren (Art. 267 AEUV)

A. Annahmefähigkeit der Vorlagefrage   472

  I. Zuständigkeit des Gerichts

II. Vorlagegegenstand (Art. 267 I AEUV): Vorlagefrage zur

   1. Auslegung der Verträge

   2. Gültigkeit und Auslegung der Handlungen der Union

III. Vorlageberechtigung eines Gerichts eines MS

IV. Vorlagerecht und Vorlagepflicht

V. Abstrakte Formulierung der Auslegungsfrage

VI. Entscheidungserheblichkeit nach Art. 267 II AEUV:
   Subjektive Einschätzung des nationalen Gerichts

B. Beantwortung der Frage durch Urteil des Gerichtshofs

I. Auslegungsfrage

   1. Aufstellen von Auslegungskriterien

   2. Bindung des vorlegenden Gerichts und aller anderen mit
      diesem Rechtsstreit befassten Gerichte

   3. Außerhalb des Rechtsstreit: Vorlagepflicht, sofern ein
      Gericht von Auslegung abweichen will

II. Gültigkeitsfrage

   1. Feststellung der (Un-)Gültigkeit der Unionshandlung
      anhand von höherrangigem Recht

   2. Keine allgemeine Bindungswirkung bei Gültigkeerklä-
      rung

   3. Bei Ungültigerklärung: Faktische erga omnes Wirkung

Achter Abschnitt: Völkerrecht

A. Allgemeines Völkerrecht

I. Völkerrechtliches Delikt

Im Mittelpunkt völkerrechtlicher Fallaufgaben steht zumeist die Frage nach **473** der völkerrechtlichen Verantwortlichkeit. Für die Falllösung bietet sich folgende Prüfungsreihenfolge an:[81]

Völkerrechtssubjekte	Staaten sowie weitere Akteure, die das Völkerrecht mit Rechtssubjektivität, d.h. mit der Fähigkeit Träger von Rechten und/oder Pflichten zu sein, ausgestattet hat. In Betracht kommen insoweit insb. *de-facto*-Regime, internationale Organisationen, Völker, Befreiungsbewegungen sowie Individuen.	**474**
Aktive Deliktsfähigkeit	Fähigkeit, Subjekt eines völkerrechtlichen Delikts zu sein. Sind Völkerrechtssubjekte nur, wenn sie auch handlungsfähig sind, d.h., wenn ihnen das Völkerrecht ein Verhalten abverlangt und sie tatsächlich in der Lage sind, diesem Normbefehl zu entsprechen. Die aktive Deliktsfähigkeit fehlt einem Völkerrechtssubjekt nur ausnahmsweise, zB einem sog. *failed state*.	**475**
Passive Deliktsfähigkeit	Fähigkeit, Objekt eines völkerrechtlichen Delikts zu sein. Kommt dagegen jedem Völkerrechtssubjekt zu.	**476**
Völkerrechtswidrige Handlung	Verhalten (Tun oder Unterlassen), das dem Deliktssubjekt zurechenbar ist und gegen eine ihm obliegende völkerrechtliche Verpflichtung verstößt (vgl. ILC-Art. 2 zur Staatenverantwortlichkeit[82])	**477**

---

[81] Eingehend zum „Deliktsaufbau" sowie zu den im Zusammenhang mit dem völkerrechtlichen Delikt zu beachtenden „Standardproblemen" *Kunig*, Jura 1986, 344 ff.; *ders./Uerpmann-Wittzack*, Übungen im Völkerrecht, 2. Aufl. 2006, S. 1 ff.

[82] Verantwortlichkeit der Staaten für völkerrechtswidrige Handlungen, Anlage der Resolution der VN-Generalversammlung Nr. 56/83 vom 12. Dezember 2001.

478	Zurechenbares Verhalten	Verhalten ist dem Deliktssubjekt zurechenbar, wenn dieses selbst – durch seine Organe – gehandelt hat. Handlungen oder Unterlassungen von dritter Seite sind dem Deliktssubjekt nur ausnahmsweise zurechenbar, etwa wenn es das Verhalten geleitet oder kontrolliert hat oder dieses nachträglich als eigenes anerkennt (vgl. hierzu ILC-Art. 4 ff. zur Staatenverantwortlichkeit).

479

A. Deliktsfähigkeit: Völkerrechtssubjekte

   I. Aktive Deliktsfähigkeit

  II. Passive Deliktsfähigkeit

B. Völkerrechtswidrige Handlung

   I. Zurechenbares Verhalten

  II. Verletzung einer völkerrechtlichen Verpflichtung (ergibt sich aus aus völkerrechtlichem Vertrag, Völkergewohnheitsrecht oder allgemeinen Rechtsgrundsätzen iSd Völkerrechts)

C. Kein Ausschluss der Verantwortlichkeit

Als Rechtfertigungsgründe kommen insb. Einwilligung, Selbstverteidigung, Gegenmaßnahmen, Höhere Gewalt, Notlage und Notstand (vgl. ILC-Art. 20 ff. zur Staatenverantwortlichkeit) in Betracht.

Von Klausurrelevanz ist insb. die Gegenmaßnahme (Repressalie): Eine Gegenmaßnahme ist zulässig (vgl. ILC-Art. 22, 49 ff. zur Staatenverantwortlichkeit), wenn sie

  (1) als Antwort auf einen vorangegangenen Völkerrechtsverstoß des anderen Teils erfolgt,

  (2) kein Ausschlussgrund vorliegt (zB sind gewaltsame Gegenmaßnahmen durch das Gewaltverbot ausgeschlossen),

  (3) darauf zielt, den anderen Teil zur Beendigung seines völkerrechtswidrigen Verhaltens oder zur Wiedergutmachung zu bewegen,

  (4) zuvor angekündigt wurde und

  (5) verhältnismäßig ist.

D. Rechtsfolgen

Verpflichtung zur Beseitigung des völkerrechtswidrig verursachten Zustands und zur Wiedergutmachung (vgl. ILC-Art. 34 ff. zur Staatenverantwortlichkeit).

II. Streitige Gerichtsbarkeit des IGH

Völkerrechtliche Fallaufgaben können auch mit der Frage nach den Erfolgs- **480** saussichten eines Verfahrens vor einem internationalen Gericht verbunden sein. Zu prüfen sind dann zunächst die Sachentscheidungsvoraussetzungen des einschlägigen Rechtsbehelfs. Für das streitige Verfahren vor dem IGH sind dies:

Rechtsstreitigkeiten	Meinungsverschiedenheiten über Rechtsfragen	**481**

A. Parteifähigkeit   **482**

   I. nach Art. 34 I IGH-Statut nur Staaten

  II. Mitgliedstaaten der Vereinten Nationen ohne weiteres (Art. 35 I IGH-Statut iVm Art. 93 I VN-Charta)

 III. für Drittstaaten normieren Art. 93 II VN-Charta und Art. 35 II IGH-Statut gesonderte Voraussetzungen

B. Zuständigkeit: bei Einwilligung der Streitparteien

   I. ad hoc durch einen Schiedskompromiss der Streitparteien, der die Zuständigkeit des IGH für den Einzelfall begründet

  II. durch die Zustimmung der beklagten Partei nach Klageerhebung, sei es ausdrücklich, sei es stillschweigend durch rügelose Einlassung zur Sache (sog. forum prorogatum)

 III. durch die Vereinbarung der Zuständigkeit des IGH in einem völkerrechtlichen Vertrag, der beide Seiten bindet oder

 IV. durch eine Erklärung nach der sog. Fakultativklausel des Art. 36 II IGH-Statut, die Jurisdiktion des IGH allgemein anzuerkennen.

C. Vorliegen einer Rechtsstreitigkeit (Art. 36 I, II IGH-Statut)

D. Kein Ausschluss der Gerichtsbarkeit des IGH

(durch vertragliche Vereinbarung zwischen den Streitparteien; vgl. bspw. Art. 259, 273 AEUV, die für Streitigkeiten über die Auslegung und Anwendung von Unionsrecht gelten).

483 Die ihm unterbreiteten Streitigkeiten entscheidet der IGH unter Anwendung völkerrechtlicher Verträge, des Völkergewohnheitsrechts sowie der von den Kulturvölkern anerkannten allgemeinen Rechtsgrundsätze, Art. 38 I IGH-Statut.

B. EMRK

I. Konventionsrechtsverletzung

484 Eingriff	Jede staatliche Maßnahme, die ein konventionsrechtlich geschütztes Verhalten beschränkt oder unmöglich macht.

485 **0. Vorprüfung: Anwendbarkeit des Konventionsrecht, insb.**

   I. Ratifikation der betreffenden Konventionsbestimmung durch den Beschwerdegegner

   II. Nichteingreifen bzw. Unwirksamkeit eines Vorbehalts nach Art. 57 EMRK

A. Schutzbereich des Konventionsrechts

   I. Sachlicher Schutzbereich: der vom einzelnen Konventionsrecht jeweils geschützte Lebenssachverhalt

   II. Persönlicher Schutzbereich: grds. jedermann; Ausnahmen: Art. 3 Zusatzprotokoll 1 (Wahlrecht), Art. 3 Zusatzprotokoll 4 (Ausweisungsschutz): nur eigene Staatsangehörige

B. Eingriff

C. Rechtfertigung

   I. Einschränkbarkeit des Konventionsrechts

      1. vorbehaltlos gewährleistete Rechte (nur ausnahmsweise; bspw. Art. 3 EMRK (Verbot der Folter), Art. 4 I EMRK (Verbot der Sklaverei): Begrenzung durch kollidierendes Konventionsrecht

      2. Rechte mit Schrankenvorbehalt

   II. Allgemeine Schrankenregelungen: Art. 15–17 EMRK

      1. von Konventionsrechten darf im Falle des Krieges oder eines anderen öffentlichen Notstandes abgewichen werden, soweit die Maßnahmen unbedingt erforderlich sind und nicht im Widerspruch zu sonstigen völkerrechtlichen Verpflichtungen stehen.

2. Konventionsstaaten können die politische Tätigkeit von Ausländern (nicht: Unionsmitgliedern) in Bezug auf die Freiheit der Meinungsäußerung sowie die Versammlungs- und Vereinigungsfreiheit ohne Rücksicht auf das Diskriminierungsverbot in Art. 14 EMRK einschränken.

3. Missbrauchsverbot des Art. 17 EMRK

III. Spezielle Schrankenregelungen

1. Notwendigkeit einer gesetzlichen Regelung: Gesetz im materiellen Sinne (also auch untergesetzliche Normen mit Außenwirkung)

2. Verfolgung berechtigter Ziele. Zulässige Ziele werden abschließend jeweils in Abs. 2 der Art. 8 bis 11 EMRK sowie in Art. 2 III Zusatzprotokoll 4 aufgezählt; bspw. Wahrung der nationalen Sicherheit, Aufrechterhaltung der Ordnung, Verhütung von Straftaten, Gesundheitsschutz, Schutz der öffentlichen Moral, Schutz der Rechte und Freiheiten anderer.

3. Verhältnismäßigkeit des Eingriffs

II. Individualbeschwerde zum EGMR

Erschöpfung des Rechtswegs	Erschöpft ist der Rechtsweg erst, wenn das höchste zuständige Gericht erfolglos angerufen wurde.	**486**

Die Sachentscheidungsvoraussetzungen einer Individualbeschwerde zum EGMR sind:[83]   **487**

A. Partei- und Prozessfähigkeit   **488**

I. Parteifähigkeit (Art. 34 EMRK): Jede natürliche Person, nichtstaatliche Organisation oder Personengruppe, die Träger des Konventionsrechts sein kann

II. Prozessfähigkeit

---

[83] Überblick über die Zulässigkeitsvoraussetzungen einer Individualbeschwerde bei *Peters/Altwicker*, Europäische Menschenrechtskonvention, 2. Aufl. 2012, S. 259 ff.; *Grabenwarter*, Europäische Menschenrechtskonvention, 5. Aufl. 2013, S. 44 ff.

B. Beschwerdebefugnis („Opfereigenschaft"):

I. Geltendmachung der Verletzung eines in der Konvention oder den Protokollen anerkannten Rechten (Art. 34 EMRK)

II. Beschwerdeführer ist „Opfer", wenn er selbst, gegenwärtig und unmittelbar betroffen ist und ihm ein erheblicher Nachteil entstanden ist.

Fehlt die Opfereigenschaft, weist der EGMR die Beschwerde wegen Unvereinbarkeit mit der Konvention ratione personae zurück.

C. Rechtswegerschöpfung (Art. 35 I EMRK)

auch formlose Rechtsbehelfe, sofern sie hinreichend zur Abhilfe geeignet sind. Erforderlich aber nicht, wenn Rechtsbehelf zwar formal möglich, aber ohne jede Erfolgschance ist.

D. Beschwerdefrist

6 Monate nach der endgültigen innerstaatlichen Entscheidung (Art. 35 I EMRK); Frist beginnt mit Urteilszustellung; vgl. auch Art. 47 V VerfahrensO

E. Keine zeitliche, örtliche oder sachliche Unvereinbarkeit mit der Konvention (Art. 35 III EMRK)

I. Zeitliche Unvereinbarkeit (ratione temporis): Wenn die Verletzung vor Inkrafttreten der Konvention für den beklagten Staat stattgefunden hat.

II. Örtliche Unvereinbarkeit (ratione loci): Beschwerden, die sich auf Hoheitsakte außerhalb des Gebiets beziehen, für das die Konventionspartei gem. Art. 56 EMRK verantwortlich ist.

III. Sachliche Unvereinbarkeit (ratione materiae): Gerügtes Recht wird von der EMRK nicht gewährleistet.

F. Sonstige Unzulässigkeitsgründe

I. Anonyme Beschwerde (Art. 35 II lit. a) EMRK)

II. Missbrauch des Beschwerderechts (Art. 35 III EMRK)

III. Rechtskräftige oder anderweitige Anhängigkeit in derselben Sache: Individualbeschwerde ist unzulässig, wenn sie mit einer schon vorher vom EGMR geprüften Beschwerde

übereinstimmt (res iudicata) oder einer anderen internationalen Instanz (zB dem VN-Menschenrechtsausschuss, der
VN-Folterkommission etc.) unterbreitet worden ist (Litispendenz).

Stichwortverzeichnis

Die Zahlen verweisen auf Randziffern.

Abfall 415
Abgeordnete 43 ff.
Abgeordnete – Immunität 44, 46
Abgeordnete – Indemnität 45, 47
Abstammung 200
Abstandsfläche 388
Abstimmung 19, 20, 26, siehe
auch Mehrheit
Adressat 242
Allgemeine Gesetze 117, 120
Allgemeine Handlungsfreiheit 90
Allgemeinheitsgrundsatz 86
Amt 209
Amtshaftungsanspruch 299
Amtspflicht 301
Anfechtungsklage 431
Angelegenheiten der örtlichen
Gemeinschaft 360, 368
Anlage – bauliche 374, 378
Anlage iSd BImSchG 412
Anliegergebrauch 429
Annexkompetenz 11
Anscheinsgefahr 326
Anwendbarkeit des VwVfG 234
Arbeitnehmer 448
Arbeitsbeschränkung 449
Asylrecht 191
Aufenthalt 193, 332
Aufenthaltserlaubnis 426
Auflage 280, 352
Aufopferung 311
Aufsichtsbehörde 373
Ausbürgerung 183
Auslieferungsverbot 186
Außenbereich 385

Außenwirkung 240
Ausweisung 188, 423
Baueinstellungsverfügung 493
Baugenehmigung 374
Bauordnungsrecht 390, 392
Baurecht 374
Beamtenernennung 422
Beanstandung eines Ratsbe-
schlusses 373
Bebauungsplan – Rechtmäßigkeit
394
Bedingung 278
Befristung 277
Behinderung 205
Behörde 203
Bekanntgabe 242
Beliehene 299
Beruf 163
Berufsausübungsregelung 171
Berufsregelnde Tendenz 174
Berufswahlregelung 172, 173
Beschlagnahme 342
Beschluss des Rates 369
Beseitigungsanordnung 392
Bestimmtheitsgrundsatz 33
Briefgeheimnis 154
Bundesauftragsverwaltung 77
Bundeskanzler – Wahl 48 f.
Bundesregierung 48 f.
Bundestag 36 ff.
– Auflösung 36
– materielle Auflösungslage 39
– Neuwahlen 40
– Vertrauensfrage 38
Bundestreue 74

Bund-Länder-Streit 221
Bürgermeister 373
Cassis-Rechtsprechung 447, 451
Dassonville – Formel 446
Demokratie – repräsentative 33
Demokratieprinzip 33
Deutsche 138
Dienstleistung 454
Diskriminierung 459
Drei-Stufen-Theorie 175
Drittbezogenheit 302
Durchsuchung 177, 335 ff.
Ehe 130
Ehre 118
Eigentum 179
Eigenverantwortlichkeit 361
Eignung 209
Eingriff 82
Einspruchsgesetz 24, 32
Einstweilige Anordnung 233
Einstweiliger Rechtsschutz 441 ff.
Einvernehmen der Gemeinde 390
Einzelfall 239
Elfes-Urteil 91
Eltern 133 ff.
Enteignender Eingriff 308
Enteignung 180, 303
Enteignungsgleicher Eingriff 307
Entledigung 415
Entschädigung 304
Erledigung 244, 434
Ermächtigungsgrundlage 256
Ermessen
– Auswahlermessen 251
– Entschließungsermessen 250
– Ermessensfehler 255, 331
– Ermessensfehlgebrauch 255
– Ermessensnichtgebrauch 255
– Ermessensreduktion 390
– Ermessensreduzierung 269, 270
– Ermessensüberschreitung 255, 331
Ersatzvornahme 293

Erziehung 134
EuGH
– Untätigkeitsklage 468 ff.
– Vertragsverletzungsverfahren 471 ff.
– Vorabentscheidungsverfahren 472 ff.
– Nichtigkeitsklage 463 ff.
Europarecht 78
Familie 131
Fehlerfolgen 265 ff.
Fernmeldegeheimnis 156
Festsetzung 292, 403
Feststellungsinteresse 437
Feststellungsklage 436 ff.
Föderalismus 73 ff.
Folgenbeseitigungsanspruch 312 ff.
Forschung 126
Fortsetzungsfeststellungsklage 434 ff.
Fraktion 222
Freiheit
– körperliche 98 ff.
Freiheitlich demokratische Grundordnung 55, 163
Freiheitsbeschränkung 99
Freiheitsentziehung 100
Freizügigkeit 158
Gaststättenerlaubnis 406 ff.
Gaststättengewerbe 405
Gebot der Rücksichtnahme 390
Gefahr 318
– abstrakte 320, 343
– Anscheinsgefahr 326
– dringende 323
– drohende 161
– erhebliche 322
– Gefahrenverdacht 328
– gegenwärtige 297, 321
– gemeine 324
– konkrete 391
– Scheingefahr/Putativgefahr 327

– Verfolgungsgefahr 193
Gefahr im Verzug 325
Gemeingebrauch 428
Genehmigungsbedürftigkeit 390, 406
Genehmigungsfähigkeit 390, 406
Genehmigungsfiktion 243
Generalklausel – Polizeirecht 331
Gesetz
– formelles 5, 8 ff.
– materielles 6
Gesetzgebungskompetenz 8 ff.
Gesetzgebungskompetenz des Bundes
– konkurrierende 12, 16
– Annexkompetenz 11
– Herstellung gleichwertiger Lebensverhältnisse 15
– kraft Natur der Sache 9
– kraft Sachzusammenhang 10
– ungeschriebene 16
– Wahrung der Rechtseinheit 14
– Wahrung der Wirtschaftseinheit 13
– ausschließliche 8, 16
Gesetzgebungskompetenz des Landes
– Abweichungskompetenz 16
Gesetzgebungsverfahren 17 ff.
– Abschlussverfahren 32
– Ausfertigung 28
– Beschlussfähigkeit 18
– Bundesgesetzblatt 30
– Einleitungsverfahren 32
– Einspruchsgesetz 24
– Gegenzeichnung 27
– Hauptverfahren 32
– Lesung 17
– Unverzüglich 23
– Verkündung 29
– Zustimmungsgesetz 25
Gesetzmäßigkeit der Verwaltung 33

Gestrecktes Verfahren 296
Gesundheit 96
Gewahrsam 90
Gewalt
– öffentliche 226
Gewaltenteilung 33, 79
Gewerbe 399
Gewerberecht 399 ff.
Gewissen 106
Gewohnheitsrecht 311
Glaube 104
Glaubhaftmachung 443
Gleichheitsgrundrechte 199 ff.
Grundfreiheiten 444 ff.
– Arbeitnehmerfreizügigkeit 451
– Dienstleistungsfreiheit 455
– Kapitalverkehrsfreiheit 458
– Niederlassungsfreiheit 453
– Warenverkehrsfreiheit 447
Grundrechte 80 ff.
Grundrechtsfähigkeit 224
Handelsbeschränkung 445
Hoheiten der Gemeinde 368
Hoheitliches Handeln 307, 308
Immunität 44, 46
Indemnität 45, 47
Informationsfreiheit 121
Inhalts- und Schrankenbestimmung 181, 309
Internationaler Gerichtshof 480 ff.
Kanzlermehrheit 21, 36, 48
Kapazität 372, 404
Kapitalverkehr 456
Keck-Formel 446
Kernbereich der gemeindlichen Selbstverwaltungsgarantie 367, 368
Koalition 152
Kommunalrecht 357 ff.
Körperliche Bewegungsfreiheit 103
Körperliche Unversehrtheit 97

Kostenbescheid 298
Kriegsdienst 107
Kunst 122
Leben 95
Lehre 127
Leistungsklage 439
Maßnahme gleicher Wirkung 450, 451
Mehrheit
– Abstimmungsmehrheit 19, 49
– Einfache Abstimmungsmehrheit 20, 32
– Mitgliedermehrheit (= absolute Mehrheit, Kanzlermehrheit) 21, 36, 48
– Qualifizierte Mitgliedermehrheit 22, 32
Mehrheitsprinzip 33
Meinung 109
Meinungsfreiheit 117, 121
Menschenwürde 87 ff.
Minderheitenschutz 33
Nebenbestimmung 277 ff.
– Auflage 280
– Auflagenvorbehalt 281
– Bedingung 278
– Befristung 277
– Widerrufsvorbehalt 279
Neue Formel 199
Nichtigerklärung 219, 220
Nichtigkeit 244, 256, 269, 290, 313, 435, 438
Nichtstörer 331
Niederlassung 452, 453
Normenkontrolle 440
– abstrakte 219
– konkrete 220
Nutzungsänderung 377
Nutzungsuntersagung 392
Objektformel 88, 89
Öffentliche Einrichtung 371 f.
Öffentliche Gewalt 226
Öffentliche Ordnung 317

Öffentliche Sicherheit 316
Öffentlich-rechtliche GoA 315
Öffentlich-rechtlicher Erstattungsanspruch 313
Öffentlich-rechtliches Rechtsverhältnis 436
Öffentlich-rechtliches Schuldverhältnis 314
Organleihe 373
Organstreitverfahren 223
Ortsteil 379
Parlamentsgesetz siehe formelles Gesetz
Parteien 51 ff.
– Gleichbehandlungsgebot 59
– Verbotsverfahren 51
Persönlichkeitskerntheorie 94
Petitionsrecht 198
Planreife 386, 387
Platzverweisung 333
Polizeirecht 316 ff.
Postgeheimnis 155
Presse 114
Pressefreiheit 121
Prozessfähigkeit 225
Rasse 201
Ratsbeschluss 369
Realakt 238
Recht auf Leben und körperliche Unversehrtheit 95 ff.
Rechte Dritter 92
Rechtsschutzgarantie 210 ff.
Rechtssicherheit 33
Rechtsstaatsprinzip 33
Rechtsverhältnis 436, 438
Rechtsverletzung 210
Rechtsverordnung 7, 34 ff.
Rechtsweg 211, 230
Rechtswegerschöpfung 488
Regelung 237
Rehabilitierungsinteresse 435
Richter
– Recht auf gesetzlichen 213 ff.

Richtervorbehalt 103
Rückforderung 271
Rücknahme 269
Rücknahme – Gaststättenerlaubnis 469
Rücksichtnahmegebot 390
Rückwirkung (echte/unechte) 83, 84
Rundfunk 115
Sachkompetenz 75
Sachzusammenhang 10, 16
Satzung 107
Satzungsautonomie 366, 370
Schmähkritik 110
Schrankentrias 94
Schrankenvorbehalt 86
Schutzbereich 80, 86
Selbstverwaltungsgarantie 368
Sicherstellung 340, 343
Sittengesetz 93, 94
Sofortvollzug 297
Sondernutzungserlaubnis 427 ff.
Sonderopfer 308, 311
Staat 1
Staatsangehörigkeit 62, 81, 183, 184, 423, 424, 459
Staatsgebiet 2
Staatsgewalt 3
Staatshaftung 299 ff.
Staatsvolk 4
Störer 329 ff.
Straße – öffentliche 427, 428
Subsidiarität 231
Träger öffentlicher Belange 394
Trennungsgebot 395
Umweltrecht 412 ff.
Unbestimmter Rechtsbegriff 249
Ungleichbehandlung 59, 199, 462
Unmittelbare Ausführung 344 f.
Unterlassungsklage 439
Untersuchungsausschuss 41 f.
Unvereinbarerklärung 219
Unzuverlässigkeit 408 f.

Vereinigung 146
Verfassungsänderndes Gesetz 219
Verfassungsbeschwerde 232
Verfassungsmäßige Ordnung 91, 94, 148
Verfassungsmäßigkeit eines Gesetzes 33
Verfassungsrecht – kollidierendes 86
Verfassungsrechtliche Rechtfertigung 86
Verfolgung 191 ff.
Verhältnismäßigkeit 85
– der Einzelmaßnahme 86
– des Gesetzes 86
Verhältnismäßigkeitsgrundsatz 33, 85
Verpflichtungsklage 432
Versammlung 138 ff., 346 ff.
– Auflagen 352
– Auflösung 355 f.
– Verbot 353 f.
Vertrauensfrage 38 f.
Vertrauensschutz 33
Verunstaltung 389
Verwahrlosung 136, 166
Verwaltungsakt 235 ff.
– Befugnis 245
– begünstigender 260, 403
– Bekanntgabe 242
– Rechtmäßigkeit 245 ff., 270
– rechtswidriger 269, 270
– Rücknahme 269
– Widerruf 270
Verwaltungshelfer 300
Verwaltungsvertrag 283 ff.
Verwertung 341, 416
Verwirkung von Grundrechten 216 ff.
Völkerrecht 473 ff.
Völkerrecht – aktive/passive Deliktsfähigkeit 475/ 476

Völkerrechtliches Delikt 473 ff.
Völkerrechtssubjekte 474
Völkerrechtswidrige Handlung 477
Volksbeteiligung 70 ff.
– Volksbefragung 70
– Volksbegehren 71
– Volksentscheid 72
Volkssouveränität 33
Vollstreckung 292 ff.
Vorbescheid 391
Vorläufiger Rechtsschutz 441 ff.
Vornahmeklage 439
Waffen 107, 140
Wahlprüfungsbeschwerde 69
Wahlrecht 62 ff.
Wahrnehmungskompetenz 76
Ware (Europarecht) 444 ff.
Wechselwirkungslehre 120
Weisungsrecht des Bundes 77
Weltanschauung 105, 108
Wesensgehaltsgarantie 86, 367

Wideraufgreifen des Verfahrens 272 ff.
Widerruf 270, 279
Widerruf – Gaststättenerlaubnis 410 f.
Widerspruch 433
Widmung 371, 428
Wiederholungsgefahr 435
Willkürverbot 199
Wohnsitz 159
Wohnung 176, 337
Zahlungsverkehr 457
Zensur 119
Zitiergebot 86
Zusage 257
Zusicherung 258
Zuständigkeit – örtliche/sachliche 247/ 248
Zustimmungsgesetz 25, 32, 79
Zuverlässigkeit 401 f.
Zwangsgeld 294
Zwangshaft 295